【中国人格读库】

国家新闻出版广电总局

培育和践行社会主义核心价值观主题出版重点出版物

孟 子

论君子人格与人性

高占祥　主编

周殿富　选注直解

北京时代华文书局

图书在版编目（CIP）数据

孟子论君子人格与人性 / 周殿富选注直解 . -- 北京：北京时代华文书局，2015.6
（2022.3 重印）

（中国人格读库 / 高占祥主编）

ISBN 978-7-5699-0184-9

Ⅰ . ①孟… Ⅱ . ①周… Ⅲ . ①儒家②《孟子》－注释 Ⅳ . ① B222.51

中国版本图书馆 CIP 数据核字（2015）第 137008 号

孟子论君子人格与人性

MENGZI LUN LUN JUNZI RENGE YU RENXING

主　　编｜高占祥
选注直解｜周殿富

出 版 人｜陈　涛
责任编辑｜邢　楠
装帧设计｜程　慧　赵芝英
责任印制｜訾　敬

出版发行｜北京时代华文书局 http://www.bjsdsj.com.cn
　　　　　北京市东城区安定门外大街 138 号皇城国际大厦 A 座 8 楼
　　　　　邮编：100011　电话：010 - 64267955　64267677

印　　刷｜三河市嵩川印刷有限公司　0316 - 3650395
　　　　　（如发现印装质量问题，请与印刷厂联系调换）

开　　本｜787mm×1092mm　1/16　印　张｜12.25　字　数｜116 千字
版　　次｜2016 年 1 月第 1 版　　印　　次｜2022 年 3 月第 3 次印刷
书　　号｜ISBN 978-7-5699-0184-9
定　　价｜39.80 元

社会主义核心价值观与中国人格

周殿富

社会主义制度在中国已经建立了六十余年，而我们党则在本世纪初叶提出了培育弘扬社会主义核心价值观的重大课题，显然是其来有自。

社会主义的道德风尚在新中国蔚然兴起，曾经那样地风靡于二十世纪中叶。邓小平同志曾经在改革开放中讲过，当年"这种风气不仅是中国历史上从来没有过的，而且受到了世界人民的赞誉"。然而可惜的是，这个在社会主义制度建立与实践中，同步兴起的社会主义道德风尚的成长道路，却是一波四折。半个多世纪以来，它先是与共和国一道遭受了十年"文革"的浩劫；接着便是全党工作重心转移到改革开放进程中，欧风美雨"里出外进"的浸洗濡染；再接着是西方"和平演变"在东欧得手的强烈震荡与冲击；最后又是市场经济中那两只"看不见的手"在搅动着、嬗变着人们的价值取向。至少在国民中出现了价值观上的多层次化，传统美德的弱化，社会道德文明水准的退化，光荣革命传统的淡化，这也许正是中央在本世纪初提出社会主义核心价值观的原因吧。

不管怎么"变"，怎么"化"，当我们回首来时路，却不能不说，中华民族真的很强大，很值得骄傲。人类经历了几千年的文明进程，堪称世界文化之源的"五大文明古国"，其他四大古国文明都已被历史淘汰灭亡，只有中国成了唯一的延续存在。近现代即使那般的积贫积弱，被西方列强豆剖瓜分、弱肉强食，想亡我中华都不可能，就连最强大的美帝国主义，最凶残的日本军国主义都成为我们的手下败将，而且打出了一个新中国，且跨过整整一个历史阶段，直接进入了社会主义。西方敌对势力几十年不遗余力地对新中国百般围剿，"冷战""热战""和平演变"手段用尽，连如此强大的前苏联乃至整个苏东阵营都被瓦解了，而社会主义的旗帜仍旧在960万平方公里的土地上高高飘扬，而且昂首挺胸地屹立在世界的东方，中国真的是太强大了。几十年来的瞩目成就，竟然令西方发出了"中国威胁论"。你管他别有用心也好，言过其实也好，总比让别人说我们是"瓷器"，是"东亚病夫"好吧？1840~1949年的一百零九年间，中国尽受别人的欺负、"威胁"了，我们也能让那些昔日列强有点"威胁感"，又有什么不好？更何况这是他们自己说的啊！我们并没吹嘘，也没有去做。几千年来我们侵略过谁呢？"反战""非攻""兼相爱，交相利"，中国古有墨子，近有周恩来、邓小平同志。这也是中华民族固有传统美德的延续吧！

生于忧患，死于安乐，这也当是中华民族的一个传统美德吧？几十年来尽管中国如此繁荣兴旺，但从邓小平生前一直到党的"十八大"以来，无论哪一届中央领导集体，从来都没有忘记过国之忧患。忧在何处，患在何处呢？

二十世纪八十年代末，邓小平同志曾经在半年的时间内四次提到：中国改革开放十年最大的失误在教育，在"对青年的政治思想教育抓得不够""对人民的教育不够"，足见他的痛心疾首。他晚年时又提到了"国格"与"人格"的问题，讲道："谈到人格，但不要忘记还有一个国格。特别是像我们这样第三世界的发展中国家，没有民族自尊心，不珍惜自己民族的独立，国家是立不起来的。"

（精装版《邓小平文选》第3卷331页。）

人们很少注意到邓小平的这一段话，但邓小平恰恰是在这里把"国格""人格"提升到了事关"立国"的高度。

那么，什么是我们社会主义的"国格"呢？邓小平讲得很明白："民族自尊心""民族的独立"。

新中国一路走来，我们最大的尊严便是完全靠"自力"，靠"艰苦奋斗"，而达"更生"之境。对西方敌对势力的"冷战""热战""和平演变"，我们何曾有过屈服？也正是在这一前提下，我们才有真正的"民族独立"。这就是我们的国格。那么什么是我们中国人的人格呢？邓小平同志在这里没有讲，但他在1978年4月22日召开的全国教育工作会议上的讲话中，在讲到我们的教育培养目标时，至少提到与社会主义人格相关的各个方面：革命的理想，共产主义的品德，勤奋学习，严守纪律，艰苦奋斗，努力上进，爱祖国，爱人民，爱劳动，爱科学，爱护公共财产，助人为乐，英勇对敌，集体主义精神，专心致志地为人民工作，等等。这里的哪一条不属于社会主义人格的范畴呢？

2006年党的十六届三中全会，第一次提出了"建设社会主义核心价值体系"的历史性命题和战略任务。2007

年，胡锦涛同志在"6·25"讲话中又具体提出这个"体系"包括四个方面的内容：①马克思主义的指导思想；②中国特色社会主义共同理想；③以爱国主义为核心的民族精神和以改革创新为核心的时代精神；④社会主义荣辱观。这四个方面，一是信仰，二是理想，三是精神，四是道德文明，哪一个不在社会主义人格的范畴之内呢？党的十七届六中全会又提到了社会主义核心价值体系是"兴国之魂"。

2012年11月，在党的"十八大"上又用"三个倡导"把社会主义核心价值观概括为十二项：①倡导富强、民主、文明、和谐；②倡导自由、平等、公正、法制；③倡导爱国、敬业、诚信、友善。而且中办文件又把这"三个倡导"分为三个层面：第一个"倡导"的四项，是国家层面的价值目标；第二个"倡导"的四项，是社会层面的价值取向；第三个"倡导"的四项，是公民个人层面的价值准则。实际上前两个"倡导"的八项都是属于"国格"范畴，而第三个"倡导"是属于"人格"范畴。

那么，我们怎样才能在前面讲到的那些历史嬗变中培育建构起这个"核心价值观"呢？中共中央政治局的第十三次集体学习，似乎很明确地回答了这个问题。

新华社北京2014年2月25日电讯称：中央政治局在2月24日，以弘扬社会主义核心价值观，弘扬中华传统美德为内容，进行了集体学习，习近平总书记在主持学习时强调：

培育和弘扬社会主义核心价值观必须立足中华优秀传统文化。牢固的核心价值观，都有其固有的根本。抛弃传统、丢掉根本，就等于割断了自己的精神命脉。博大精深的中国优秀传统文化是我们在世界文化激荡中落稳脚跟的根基。中华文化源远流长，积淀着中华民族最深层的精神追求，代表着中华民族独特的精神标识，为中华民族生生不息、发展壮大提供了丰厚滋养。中华传统美德是中华文化精髓，蕴含着丰富的思想道德资源。不忘本来才能开辟未来，善于继承才能更好创新。对历史文化特别是先人传承下来的价值理念和道德规范，要坚持古为今用、推陈出新，有鉴别地加以对待，有扬弃地予以继承，努力用中华民族创造的一切精神财富来以文化人，以文育人。

习近平总书记的这段论述相当精辟，对于如何培育建构社会主义核心价值观问题从四个方面剀切明白。

第一，他明确指出要在中华优秀传统文化的基础上，来构造我们的社会主义核心价值观，而不能割断历史。这一条十分重要，否则我们便会失去我们的本来面目，便会成为无源之水，也就无法走向未来。

第二，指出了中华传统美德是中华文化精髓，蕴含着丰富的思想道德资源。这就为我们揭示了社会主义核心价值观，要以弘扬优秀的中华传统美德为基础。

第三，他指出，对传统文化在扬弃中继承，在继承中创新。这就是说，社会主义核心价值观的内涵，既要有优良传统的文化精神，也要有时代精神，是二者的有机结合。

第四，他指出要用中华民族创造的一切精神财富，来化人育人。这就是说，弘扬中华民族文化，并不只是传承儒学那些道统，而是要弘扬全民族共创的优秀传统文化。同时也就是说，培育、弘扬社会主义核心价值观的根本目的是化民、育人。

尤其值得瞩目的是，习近平总书记在这次讲话中提到了一个"中华民族独特的精神标识"问题，而在同年的全国组织部长会议上又提出我们再也不能以GDP论英雄的思想。让人欣慰的是，思想道德文化建设终于被提升到一个民族的标识地位，这至少表明中国人的思想观念，并不落伍于世界潮流。

并不受人欢迎的亨廷顿生前给他的祖国提出的警示忠告，竟是如何弘扬他们没有多少历史和文化的"传统文化"："盎格鲁新教精神——美国梦"，以此为国家的"文化核心"问题。他讲道："在一个世界各国人民都以文化来界定自己的时代，一个没有文化核心而仅仅以政治信条来界定自己的社会，哪有立足之地？"所以，他提醒他无限忠于的祖国，一定要巩固发扬他们自入居北美以来，在新教精神基础上形成的"美国梦"理念的"文化核心"地位，这样才能消解这个国家的民族与文化双重多元化的危机。为此，他甚至预言美国弄不好会在本世纪中叶发生分裂。而且他公开预言不列颠大英帝国也会因民族与文化多元化的问题，导致在本世纪上半期发生分裂。

西方的一些专家学者们也十分强调国家民族文化的地位问题，柏克说："全世界的人根据文化上的界限来区分自己。"丹尼尔同样说："保守地说，真理的中心在于，对一个社会的成功起决定作用的是文化，而不是政治。开明地说，真理的中心在于，政治可以改变文化，使文化免于沉沦。"这些语言也可能有它们的局限性与某种非唯物性，但至少可以让我们看到那些发达的资本主义国家在想什么，至少与马克思主义经典作家们，关于意识形态并不总是消极被动地接受它的经济基础的论断并不相悖。

中国显然具有世界上最悠久的民族文化，同时显然也拥有世界上最强大的政治优势。新中国包括它直接进入社会主义的经济形态，以及其后的一次次经济变革，哪一次不是靠政治力量在强力推动呢？它当然同样拥有让我们几千年的民族文化"免于沉沦"的能力。有学人认为我们的民族文化早就被以往一次次的历史性灾难割裂了，这个看法显然都是毫无道理的。但我们当下却确实面临着"两个传统"失传失统的危险。中国的传统文化与优秀的民族美德，在当代国民中还有多少传承？老一代中国共产党人用生命与鲜血铸就的光荣革命传统，在党内还有多少"光大"？我们现在全民族的"核心文化"到底在何处？"社会主义核心价值观"的提出不仅符合世界潮流，也是使我们优秀的民族文化得以传承而不发生历史断裂的根本保证。富和强永远都不是一个民族的标志，哪个国家不可以富，不可以强？但能代表中国"这一个"本来面目，具有自己民族特色的，唯有中华民族的文化，能代表中国人形象的只有中国独具的道德人格。什么是人格？人格就是原始戏剧中不同角色的本来面目。

综上所述，我们是不是可以这样认为，社会主义核心价值观应内含如下的成分：中华民族传统文化中的优秀传统美德；中国人民近现代反帝反侵略反封建的爱国主义、斗争精神与中国共产党领导下形成的几十年光荣革命传统；中国化了的马克思主义有中国特色社会主义的共同理想；与"中国梦"远大目标相适应的时代精神。由这些内涵构成的社会主义核心价值观，用它来干什么呢？用习近平总书记的话来说就是"化人""育人"，把它再具体化一下，无非是打造能体现中华民族特色，代表中国形象的国格、人格。在思想道德层面上，一个国家的民族精神也只有在人的身上才能体现，所以我们依据社会主义核心价值观的基本要求，针对当代青少年的实际情况，策划了《中国人格读库》这样一套大型系列选题。

本套书承蒙全国少工委、中华文化促进会、团中央中国青年网三家共同主办推广，并积极提供书稿。难得高占祥老前辈热情出任该套书的编委主任，且高占祥同志不辞屈就加盟主创作者队伍。一些大学、中学教师与青年作者也积极加盟此套书的编写。该选题被国家新闻广电出版总局列为2014年全国社会主义核心价值观重点选题，在此一并鸣谢。

希望本套书的出版能为社会主义核心价值观的培育与弘扬，为促进青少年的道德人格养成起到积极的作用。欢迎广大读者与作家对不足之处批评教正，多提宝贵建议与指导意见。

谨以此代出版前言并序。

二〇一四年十月

于北京时代华文书局

东方柏拉图

——孟子其人生平述略

周殿富

孟子曰："以友天下之善士为未足，又尚论古之人，颂其诗，读其书，不知其人可乎？是以论其世也，是尚友也。"笔者读孟子书，论其世，实为感叹其生历与命运，一似西方之柏拉图无二，故以此名之。

——题记

题记中的前句话，是孟子在他的著述中讲过的。是的，只读其书，"不知其人可乎？"有道是伯乐相马不知其牝牡黑白，那么，读其书而不知其人有什么不可之处呢？读书本是人生的另一种饮食方式，吃了人家的饭，连主人是谁都不知道，怎么可以呢？连一句谢谢的话都不说，怎么可以呢？读其书，想见其人，想知其人，这也是一种敬意吧。人言文似其人，其实倒也未必全是，尽管盗泉流出来的也是清水，但至少蟾蜍是酿不出好蜜来的，这却是绝对的真理。那么，孟子其人到底如何呢？虽然后人敬之为儒坛亚圣，但他的一生却是命途多舛的。

令孟母三迁刀断机杼的少年孤儿

孟子是后人对他的尊称，本名孟轲。出生时间一般认为大约在公元前380年前后，去世于公元前300年左右，享年大约80多岁。（有称其生卒年为前327—前289年；一说前385年—前304年）这都是后人们的考证推算。但有一点可以肯定的是，他出生于孔子去世一百多年后，这是他在著述中自己说的。就在那个正是西周末期诸侯割据混战的年代里，他出生在山东的邹地，大约在今天的山东邹县之南。邹地离孔子的故乡曲阜很近。他的祖上本是鲁庄公的庶弟。鲁庄公的三个弟弟为仲孙氏、叔孙氏、季孙氏，因为都是鲁桓公的儿子，所以他们的后人又称"三桓之后"。孟子的祖上便是仲孙氏。后来因为是庶弟，忌讳与鲁庄公为序，才改为孟孙氏，便以孟为姓。到了鲁顷公时代，鲁国绝祀，被灭亡了。三桓子孙便家道中衰、流散到各国，沦为平民了。但至少在他的身上仍流动着周公支脉的血液。

孟子的少年时代，是在贫困清苦中度过的。自幼丧父，家境贫寒清苦。孟母范夫人三迁其家，择邻而居的故事，至少说明他从小是在民间巷闾中长大的。这也许是他终生怀有平民情结，主张"民为贵、君为轻，天意即民心，天视即民视，民听即天听"的生活基础吧。

不管生活怎样贫苦，孤儿寡母度日怎样艰难，孟氏毕竟为贵族后裔，总忘不了教子读书。母亲日夜苦织，不唯为了生存下去，且总怀有教子成龙的心愿。其实母亲原本就是儿女最好的第一位师表，她的举止言行都通过耳濡目染，一丝不落地融入孩子的心灵，一直会影响到儿女的一生。孟母本身就是一位合格的、优秀的良母，不但勤劳节俭，而且对子女有大爱之心，且坚忍于事。

据传，孟子小时候并不认真学习，很淘气，更何况贪玩趋乐本是人的天性。但孟母却不苟于一般主妇的舐犊之情，对孟子的要求很严格。也许是孩提的孟子实在让母亲伤心了，所以她不断地变换住址，以期为儿子选择一个好的邻里环境。当初孟家住在一处墓地附近，孟子便学送葬队伍中的人吹喇叭的游戏，孟母便将家搬到了一座市场附近，他又学着摆摊做生意的游戏；孟母便又将家搬到了一座学塾附近，他就开始学着做那些礼仪方面的游戏。孟母这才高兴地说：这里才真正是可以居吾子之处。便让他入学读书。

可是有一次放学后，母亲问他学到什么了，他答不上来，孟母便当着儿子的面，把正在织布的所有织线，用剪刀全部在织机上剪断。年幼的孟子可能吓坏了吧，可是母亲对他说：要么你就退学，我也不织布了。如果你好好读书，我宁可一根一根地把这些线头全部接上，重新织布。可以想见，这对一个孩子而言，是多么强大的震撼与反激励。所以，《孟子正义》中说：从此，"孟子惧，旦夕勤学不息。师子思遂成名儒。"也就是说他被母亲吓坏了，从此起早贪黑勤学不止，又去师从孔子的嫡系传人子思，便成为了一代名儒而闻名列国。

孔子的私淑衣钵传人为什么周游列国

那个时代的蒙学课本，主要以《诗经》《尚书》为主，所以至今仍以"诗书"代表人的文化学养。孟子除了饱读诗书而外，开始接触儒学。

宋朝的程子在四书《中庸》的按语中便说：中庸一书是曾子怕年代久远，传承发生错误，才把孔子的话写成书，用来教授孟子的。而司马迁说孟子是从子思的弟子为师的。看来至少孟子是直接从孔门子思的门径，直接步入儒学殿堂的。正如孟子自己所言"从其大者为大人，从其小者为小人"吧。孟子终服膺至圣而成为一代亚圣，似与师门也有一定关系。而且孟子终其生对孔子膜顶礼拜，评价也是最高的。称"自有生民以来，未有胜于孔子也"。甚至不无遗憾地说道：我虽然不能亲聆其教、亲见其人，但我可以成为他的私淑弟子。

在孟氏的著述中最大的两个特点便是：言必称尧舜二王，论必冠子曰诗云，甚至称孔子比尧舜还高明伟大。孟子称得上是孔子最忠诚的私淑衣钵传人了。

然而，可悲的是，但凡致力于正学的人，至高以其学说后显而已，却很少有通达于斯世的。孟子尽管一生致力于研究王霸之术、帝王之学、政治之道，苦心揭橥天道，补述人伦格致物性，但却毕生无法实践自己的学说理论，无法实现自己宏远的政治理想之一隅。因为他研究的是善道、正道、王道，而生于一个肆行恶道、邪道、霸道的时代，怎么能合时宜呢？早在孔子之前柳下惠就讲过：直道事人，焉能往而不三黜？就是时至昌明到如今的时代，撒切尔夫人不也在从政三十年后，不无遗憾地说道：好人是不太适宜于搞政治的吗？

孟子在学成之后，早年当是地方的讲学授徒之人，后来便去周游列国半生，晚年才又开始潜心治学授徒。这就是他一生的"三步曲"。

那么，他周游列国干什么去了呢？无非一是传播自己的仁政道统思想，想借助诸侯国王公这些地方统治者的力量，去实现自己的仁政抱负；二是寻找政治寄主，想出仕为官，直接去实现强国富民的美政。管子曾经讲过：天下熙熙，皆为利来；天下攘攘，皆为利往。但可以肯定地讲，他之所以一门心思地热衷于政治，却是既不为贵——官之显赫，也不为富——禄之丰足，他只想把自己的学说、思想、主张付诸实践，在那个乱世中得出拨乱反正的结果来。他的理想是仁政，仁政的目的是泽被于民。即使他的眼光还远不及空想主义的统一、大同，但在那个时代，怎么能让他实现他泽被于民的理想呢？

他是孔子衣钵的嫡系传人，他崇尚尧、舜二帝的仁风政德，他信奉夏商周三代开国君王的美政。其实那些东西到底是怎样的呢？他不可能亲历，也就不可能有亲知，只是听说而已，只是在有限的文献中所知一二皮毛而已。正如孔子所言：道听途说者，贼也。西方把人类的蛮荒时代称为"黄金时代"，中国人则把原始部落氏族时代的文学描述当成历史，又把文学神话神化了的三皇五帝奉为神圣。所以当人们面对现实时，便总有今不如昔的怀古讽今情结，于是他们就凭想当然地去构筑起他们的理想世界。去把他们那种毫无逻辑错误、毫无道德瑕疵、毫不违背人情物性的境界，当成了自己的人生鹄的去追求，去以赴，甚至梦寐以求有朝一日，得遇明主，可以亲操刀俎以求一逞改变天下。孟子和他私塾的老师孔子一样，到处以此去游说列国诸侯、小国王公的目的都在于此。

中国亚圣与西方"亚圣"的同命运

然而，让他失望的是并没有人赏识他的学说。好歹那位地不足50里的小国滕国之主滕文公，还曾向他请教过如何为先公办丧礼的事。而齐宣王总算留下了他，让他做客卿。但没有多久，那种如同悬瓜弃井一样的幕僚宾客生活，让他既失望又很难以忍受，便辞官回乡。即使如此，他也对此仍恋恋不舍，离开齐国的都城后，走到边城画地时，又逗留了三天，心里还在巴望齐宣王会回心转意，派人来请他回去；但他终于大失所望地被齐宣王顺水推舟请出齐国。这是他在著述中毫不掩饰地自我描述过的。

我们天公地道地说，孟子的思想无论对于任何一个统治者而言，无疑都是根本之良策。就是以今人的眼光来看，也称得上难能可贵。但为什么就是没人接受呢？大前提是"道"不相同。他讲的都是天光地澈河清海晏的"道统"天下，天下"道统"，是民本为统，而诸侯们心中所想的都是"霸统""帝统""我统"，是自己一个人怎么"统"，二者怎么能相合呢？除此而外，孟子也有技术上的问题，有方法上的问题。司马迁就说他，如果能先适合一下诸侯的心理，让他们把他这个人先接受下来，然后再一点点引导他们走正道，也不是没有可能。但对于孟子而言，这也是一种不可能。如果他肯变通、会变通，也就不是我们能读到的孟子了。尽管瑕不掩瑜，疵不废裘，但我们还是把它挑出来是为有益。更何况原本非无瑕疵，说说也更无妨，聊增后人之智吧。

天下事知其道理很容易，但能身体力行者实在是最难的事。是以知易行难之说信非虚言。孟子自己教导他的弟子说："人之患在好为人师。"而他自己在诸侯那里恰恰就"失败"在不知审时度势，不顾他人所需，而只是花工夫在"好为人师"的四个字上。我们不妨来看一下他是怎样向诸侯们进说辞的，再看一下那些受宠者是怎样游说的，就一目了然了。

先看他与梁惠王的对话。他去梁国时，梁惠王接见了他，开口便说："先生您不远千里而来，一定是想有利于我的国家吧。"可是他却回答道："大王何必谈利呢？有仁义就够了。"否则一定会国危身亡。还有一次，孟子问梁惠王，用刀与杖杀人与因暴政饿死人、暴政饿死人与禽兽食人有什么不同？梁惠王一一说没什么不同。于是他又说道：孔子讲过"始作俑者，其无后乎！"一个君主怎么能让自己的百姓饥饿而死呢？这些话除了教训人而外，与诅咒、辱骂梁惠王禽兽不如、国危身亡、断子绝孙有什么不同呢？《史记》载：还有一次，梁惠王请他商量攻打赵国的事，他只回答了"太王去邠"这四个字。什么意思呢？《孟子》一书中，滕文公问他，滕国是小国，怎样以小事大也免不了受欺凌，怎么办才好呢？可是孟子给他的对策却是：从前周太王居于邠地，总受到西部狄族人的侵略。无论是送皮毛、猎物、钱币、犬马、珠玉，仍不得和平，太王便召集族中的长老者说：他们无非想要我们的土地。我听说"君子不以其所以养而害人"，我不能用大家的生命去开战，所以我要把这里让给他们。于是太王便迁到了岐山下，大家都跟他去了岐山，因为他仁义啊！

这简直就是对着干，哪里是相与为谋之道呢？哪个国家会把自己的国土全部拱手送人呢？周太王的时代土地还没分割完毕，还有余地可择。如今已是此一时彼一时了，可是孟子仍在此时向梁惠王把对滕文公讲的话说了一遍，确实是太不合时宜。难怪梁惠王说他迂、远、阔了。

再来看一下他与齐宣王的对话。齐宣王问他，周文王当初范围有70里，而人民还嫌小，齐国当初才40里，人民却嫌大，为什么呢？他回答道：文王那里仁及鸟兽，你这里却像陷阱，兽重于民，所以才嫌大啊。还有一次，孟子对齐宣王说：你的臣下如果受人之托保护他的妻子，可是他却让人家挨饿受冻，你说怎么办？齐王说：把他抛弃。又问道，你的臣子管不住他的下属怎么办？齐王说：把他罢官。孟子又问道：如果四境之内不安定怎么办？齐王却是"王顾左右而言他"了。真是很搞笑，这哪里是求官之道，纯粹是出人丑，让人难堪。就是其他不刺痛他人的对话，也全是以王师自居，以教育人的口吻谈那些本来很好的大道至礼。但谁听了心里会舒服呢？他的"经"确实是好经，但自己没念好，怨得谁来？

再看一下那时的著名说客苏秦、苏代、张仪之流的说辞：第一，先卑躬屈膝，奉承一番；然后便以利而诱之，以害而畏之；然后再两面三刀，随机应变。那些个利欲熏心的诸侯哪个不入其网罗之中？尽管这些人没有一个是善终的，但是可见那些个诸侯王们需要的是什么，喜欢的是什么。我们先看一下苏秦是如何轻松地手托六国相印的。他对六国诸侯的说辞竟然惊人得相似。

苏秦合纵六国，先自燕国始。苏秦能说动燕王的说辞主要是"三部曲"：第一步，先奉承燕国地广兵强、安乐无事，诸侯没有超过燕国的；第二步，晓以隐患之害：燕国之所以无事，是因为赵国夹在秦燕之间。秦赵五战而赵国三胜秦，很强大。秦国虽然很强大，但离燕国太远，得城也难守，所以秦国必然无法侵害燕。而赵国就不同了，两国东西相接，十日之内赵国的大军就可以到你的西方边界，再有四五天便可到你的都城。第三步，献利策。劝燕王说燕国只有与赵国结盟共同抗秦，才会安全。就这样几条便说动了燕王，并派给他车马盘缠让他去赵国游说两国结盟的事。在燕王这里的成功对他而言太重要了，有道是万事开头难。而所谓势如破竹之说，就是讲竹竿的头一旦劈开，那么整个竹子便豁然而开了，毫不费力气。

到了赵国，苏秦对赵王说辞的第一步仍是奉承：听说天下人臣百官百姓都称您是贤君，都愿为您效忠已经很久了。第二步陈述赵国的隐患在秦、齐之间。尤其是秦国欲得山东，必先战于赵国。而秦国现在没有攻赵，主要有韩魏两国为你的南部屏障。秦国一旦攻下这两个国家，那么战祸就一定降临到赵国。秦国如把六国各个击破，那么您就是别人的臣子了。第三步，诱之以利。苏秦说，如果六国能联合起来一齐攻秦，就大不一样了。则秦必破矣。大王何不约同六国于洹水之上，结盟合纵，订立攻守同盟协同作战的战略。六国中如有不从约者，那五个国家就联合起来消灭他。这样一来，秦国便不敢为害山东，您就可以成为霸主了。赵王马上同意，并送他百车千金，百璧千绵，请他去约盟其他国家。在那个时代，"霸主"的诱惑力对于诸侯们，简直如苍蝇见血、饿狗梦肥肉一样，势无所挡。

苏秦到了韩国对韩王变换了手法，因为坚冰已经攻破，最难的第一道关燕国已经说服了，第二个关口也过去了，开了两个头，基本上便势如破竹，容易多了。因为他的背后已有两国之重了，而不再是他三寸不烂之舌的分量。所以对韩王单刀直入。但仍没忘了奉承在先，说韩国有雄关坚守，有山河之险为屏。天下强弓劲弩全都从韩国出产，你们的神射手的强弓能射到600步远，士兵可以连发百矢而不歇手足，韩国之剑戟之锋利如龙泉、太沙，可以陆断牛马，水截鹄雁，临敌斩坚甲铁幕，士兵之勇，一人当百不足言也。说客的溜须拍马让韩王正听得意醉神迷时，话锋一转："以韩之劲与大王之贤，乃西面事秦，交臂而服，羞社稷而为天下笑，无大于此者矣！"成了。不但成了，而且那个韩王竟被激得、忽悠得"勃然作色，攘臂瞋目，拔剑，仰天太息曰：'寡人虽不肖，必不能事秦！今主君诏以赵王之教，敬奉社稷以从。'"韩王对苏秦称以"主君"，与梁惠王称孟子以"叟"，真真是碧霄与黄壤之别。

到了魏国对魏王同样说：贵国兵强马壮，人民众多，地方千里，三军之众，"大王之国不下楚"，但秦国太强大了，且无礼于周天子。以"魏，天下之强国也；王，天下之贤王也"，仍旧有事秦称藩之意，我暗自为大王"耻之"。一句"耻之"，便又成了。

到了齐国，对齐宣王说：齐国四塞之地，地方两千里，带甲数十万，粮多如山；三军之良，进如锋矢，战如雷霆，解如风雨；人口众多、富庶安乐，乃至大路上"车毂击，人肩摩，连衽成帷，举袂成幕，挥汗成雨，家殷人足，趾高气扬"。同是一个齐宣王，面对孟子与苏秦的不同说辞，会作何感想呢？最后还是那句"以大王之贤与齐之强，天下莫能当。今乃西面而事秦，臣窃为大王羞之"。又成了，就这么简单。

最后从北地的燕国一路说到了西南的楚国，苏秦又对楚威王不换汤不换药地灌道："楚，天下之强国；王，天下之贤王也。""地方五千里，带甲百万，车千乘，骑万匹，粟支十年。此霸王之资也。""今释霸王之业，而有事人之名，臣窃为大王不取也！"成了。楚王成了，六国合纵抗秦成了，苏秦凭三寸不烂之舌，寸土未得，尺功未立，而挂六国相印的大志也成了。

然而，六国终败，苏秦终亡。苏秦者，为一己谋名谋位谋利，而不为六国谋天下长久，而六国信之。是以六国未败而己身先亡，而六国不顾根本而唯利是图，以国之生死存亡之大策而轻付于一鼓唇弄舌之人，不亡而何待？孟子者，为诸侯谋天下，固根本，策长久，而诸侯不信。是以诸侯皆败，而孟子虽一世困窘穷塞，而自得万世长久。即使如此，也终不能不令人为之抱憾，为天下正直学人抱憾。不是学问越大越愚蠢、越迂腐、越阔远，而是读书越多越善良、越真诚、越仁义。但古往今来，无论政治、军事，皆心术、权术、诈道、诡道之相较，怎得学者而为之？怎可仁义善良之人而肩之？又想起了柏拉图。虽然二人如此的风马牛不相关，而二人的生涯经历命运又何其相似耶？

柏拉图生于公元前427年的古希腊雅典城邦，晚于孔子而先于孟子。青年柏拉图听了苏格拉底的一次广场演讲后，便放弃了正在研习的悲剧旧业，师从于苏格拉底去研究哲学，而且公然宣称："我一旦成年便可以立即参加政治生活"，"我适宜于从政"。但他亲历亲睹了苏格拉底之死后，让他对雅典彻底绝望。从28岁时离开自己的祖国，到附近的各国游学长达十二年之久。先后与意大利南部的军事领袖，与西西里叙拉古王国的国王进行过合作，都是道不同，无以为谋。他曾先后三次去叙拉古，但在一次劝说那位暴君放弃专制时，国王骂他是蠢货，他骂国王是暴君，差一点被处决。在他人的营救下得以脱身，但在逃归的中途又被劫审沦为奴隶，亏了一位好心人的赎买，他才回到了雅典。而他得出的结论是：除非哲学家掌权，或者政治家成为哲学家，"否则人类便无好日子过"。这种"哲学王"与"王哲学"的想法至少至今，在人类居住的这个星球上还没有实现过。

公元前387年，柏拉图开始办柏拉图学园，前后开馆授学，潜心著述近四十年，享年80多岁，终老于学园之内，为人类留下了不朽的哲学篇章，成为了西方的哲学先圣，至今仍受西方世界的膜拜。

两个人都出生于同时代不同的文明古国，享年都超过了80高龄。而且柏拉图师从于古雅典公元前最顶尖级的大学者苏格拉底，孟子师从于中国公元前最顶尖级大学者孔子的门人。柏拉图有空想主义的理想国的蓝图描绘；孟子有民重君轻、息兵罢战、发展经济，让人民得以安居乐业的仁政理想的憧憬。柏拉图为此周游古希腊的各城邦国家与埃及、意大利、西西里等地，力求为官执政；孟子也为此周游西周列国以求一逞。柏拉图在政治努力彻底失败后，创建学园，执教授徒，治学著述；孟子也同样在彻底失望于仕途后，在晚年开始重新治学授徒，传播儒学。柏拉图的学说在身后不仅影响着古希腊，而且直接影响着欧洲的文化发展；孟子的学说在他身后虽深寂了数百年，但经朱熹底定，终于成为了官学、显学，与孔子的学说一道影响着中国封建社会。由此观之，两个人出生的时代，一生所走过的道路与归宿何其相似？而又何其可悯。人这一生最大的抱憾，也许不是失去了什么，而是自己终生一执的愿望无法实现。

太史公读《孟子》为其废书四叹

孟子一生中所游说最多也最受冷遇的诸侯，一个是齐国的齐宣王，一个是魏国的梁惠王。但为什么都不见为用，或先用后弃呢？是不是这两个诸侯国不用人才呢？或者那是一个人才无所用武之地的时代呢？都不是。司马迁在为孟子立传时写道：那个时代，秦国用商君而富国强兵，楚、魏用吴起而胜敌，齐威王、宣王用孙子、田忌而称霸诸侯。在孟子之前有学者邹忌被齐威王任用为相，在其后有邹衍，专爱大言奇谈而耸动王公，所以不但见重于齐国，就是去见梁惠王，去燕国、赵国，各国王公都亲自迎接，为之郊迎侧行、拥彗先驱，甚至执弟子受业之礼，以至于令司马迁至此驻笔慨叹道："其游诸侯见尊礼如此，岂与仲尼菜色陈、蔡，孟轲困于齐、梁同乎哉！"为什么会如此呢？

孟子公然指责梁惠王为不仁，而且还把它正式记入自己的著述中。而梁惠王则给予孟子的说辞建策三个字的评价："迂、远、阔"。这三个字是什么意思呢？"迂"，无非是迂腐之见，一肚皮不合时宜，不是捷径；"远"，无非是离现实太远，其道不可于当世实行；"阔"，阔者必大而空。梁惠王不说他讲得没道理，也不说他没学问，而是给了他如此三个字的评价，那自然就惨了。这三个字归结起来就是一个意思：没用。其实也是，孟子所讲的种种治国之策，与梁惠王所想的、所需要的虽不至于风马牛，但却是大大地南辕北辙。向北走也能到达南方，也不能说错，因为地球是圆的啊，但那得绕多远啊？对于梁惠王而言，孟子的道理都是远水不解近渴之义。所以，大家对他都很客气，但就是不任用他。正所谓道不同不相为谋，连"谋"都无以相谋，还谈何重用呢？

孟子所处的时代，是一个分崩离析、各自为政、弃王图霸、弱肉强食的时代，各路诸侯首先要考虑的，都是自己的政权稳定、自卫自安，或图强争霸的问题。还有谁会去考虑王道、王统、民乐、民生的仁政、德政问题？而孟子一路游说的说词都是由二帝三王而至孔子的仁政，仁、义、礼、智、信的道统学说。就像是劝快饿死的人去种地一样可笑，没有一条是解决现实具体问题的对策。那些个诸侯王公们谁还肯待见他呢？所以，司马迁又为之叹道："游事齐宣王，宣王不能用。适梁，梁惠王不果所言，则见以为迂远而阔于事情。"诸侯正在你争我夺之际，"而孟轲乃述唐、虞三代之德，是以所如者不合。"更为之叹道："持方枘欲内圆凿，其能入乎？"意思是说就像木工拿一个方形隼（楔头）的木头，还想插入凿成圆形卯（孔）的木头里，那怎么能够插入呢？如果他能像伊尹、百里奚一样，与那些王公们"作先合，然后引之大道"，怎么会不成功呢？而此时的孟子就像老百姓所说的那种用四棱木头去钻圆圆眼子的人一样，也只能四处碰壁铩羽而归了。

司马迁在为孟子作传时的一开头便写道："余读《孟子》书，至梁惠王问'何以利我国'，未尝不废书而叹曰：嗟乎，利诚乱之始也！夫子罕言利者，常防其原也。"司马迁显然是赞同孟子的，但也不得不为他生不逢时而叹息。观《孟子传》总其量不过千字左右，而竟令太史公为之一唱而四叹，是有一点儿可怜可悲可叹的意思了。虽如此，对于孟子而言，也许是不幸中的万幸吧，那个时代的说客群参政的，哪有一个善终的？学者执政如商鞅、李斯也不得善终。知识分子想要参政，还是学学管子、晏子的东西，他们是成功者啊！而且古往今来，没有对他们的品行人格有非议的。这两个人确实是很优秀的，但孟子不失为修身之范。而从政、治国、经济之道，确非其所长。

"退而"二字道出大知识分子的无穷悲情辛酸

司马迁在他的传记中两次提到了"退而"二字：孟轲"以所如者不合，退而与万章之徒序《诗》、《书》，述仲尼之意，作《孟子》七篇。""轲游齐、魏，其说不通。退而著述，称吾道穷。"尽管孟子终其世未自称过"吾道穷"，但在全书尾段确实忧心忡忡，虑其后继无人，叠叹"无有乎尔"。然而大知识分子们的悲剧不在其忧，而在其"退而"著书。"退而"所示，实在是描述他们的无奈、不甘。不是退而求其次，而是退而求其末之谓。正如后来的经学大家朱彝尊在一首词中叹道："把平生涕泪都飘尽"，"老去填词，一半是空中传恨"，"料封侯，白头无份"。中国的孔子如此，孟子如此，西方的柏拉图更是如此。连马基雅维利也十分坦白地叹道：他是在没有效力于他的国家的机会，没有条件实现他的理想志向的前提下，才去著书立说的。否则他是不会沉寂于笔墨之间的。在这个世界上，无论古今中外，忧心最重的是知识分子，名心最切的也是知识分子。书读多了，便以为得道成仙了，便要出山度人、度世，救国救民，且志存高远。事实上这个世界上的问题有多少是书生能解决的呢？有多少是靠书本上的道理能够解决的呢？由于志不得遂，便多怨天尤人，大为不平。不平又有何用呢？退而著述多为无奈之举。读书益人而又害人。关键在读什么书，怎么读，为什么读。这才是根本所在。

清初康熙年间的大学者颜元，虽终身潜心治学，但晚年却对著书、读书大反其动，认为读书著书损人神智气力，却不能增加人的才德。要人读尽天下书者，无疑是"率古今之文字，食天下之神智"，所以，书读得越多的人越愚蠢。读书在实践上剥夺了人的有限时间，"人之岁月精神有限，诵说中度一日，便习行（实践）中错一日；纸墨上多一分，便身世（经历）上少一分"。而且古往今来凡是能旋乾转坤，开物成务的人物，都不是书生。"试问尧、舜诸圣人所据何书？"他还攻击那些大儒们的"浮言之祸甚于焚坑"，"全以章句误乾坤"，甚至把读书比做吞砒霜。他的说法就事论事而言，既极具真理性、真实性，又极其"反动"、偏执。而在现实社会生活中，无论为他立论还是驳论，都可以找到足够胜诉的证据与成立的注脚，而且正是有许多现实现象的反激而导致他的"反动"，就连圣人都难免，何况颜元呢？孟子在屡遭碰壁后，目睹现实，便一反常态地公然大言不惭地讲道：拯救这个世界，舍我其谁也？然而可悲的是社会从来不给这些大学者们施拯的机会。但值得思考的是，那个颜元所讲的话并非全无道理，连孟子自己也说：尽信书不如无书，我对周书的歌功颂德的事就不太相信，只相信那里的二、三策（页）而已。

政治为什么从来不允许大学
问家登上救世施拯的舞台

因为他们既没有这个能力，也不是他们的职责所在。

学问家的使命是认识世界，政治家的使命是改造世界。学问家关注的是"应该如何如何"的逻辑定位，政治家必须考虑的是"能够如何"才去"如何"。学问家的眼睛是望星空的，就像古希腊的大学者泰勒斯一样，看着天上的星星，想他的天文定理，可是自己掉在大坑里还不知道。而政治家最关注的是脚下的陷阱。有人说科学上允许科学家有9999次试错，可是政治家只要有一次错了，等待他的可能就是毁灭的命运。这绝不是耸人听闻。学问的大路有一往四至的通衢可选，有五出六达的康庄大路可择，但政治则多是不可逆行的单行线，方向错了就是死胡同。所以学者们有怎么说都可以的自由，而政治家却绝无怎么做都可以的天地。这就是孟子所以不见容于各路诸侯的一个重要原因。孟子的学说没有错，诸侯们的选择也许同样自有其道理。

古诗称：忽闻四塞狼烟起，问儒士，何人敢去定风波？有人敢去。袁崇焕就敢，曾国藩也敢。而且袁崇焕一介书生成了大明国不可攻越的辽东长城；曾国藩领着一大帮院士、书生平定了大清国的半壁江山，但是他的神话却是靠涣散内讧的农民军创造的。这至少是不可漠视的一个原因。凡天下事皆不可一概而论之，一般只是一般，永远不可涵括一切。没有一般，这个世界就会乾坤倒转，混沌不堪；没有特殊，这个世界就会千年、万年不变，就会死气沉沉，失去了它的丰富多彩。

孟子不为时用，至少说明他的政见与他面对的时代不合时宜。任何学问不合时宜，哪怕是真理，也会因此而敛其光辉，而不得通行。被誉为现当代新儒家大师的牟宗三曾讲过：学术如果不脱离政治，坚持它的独立性，就只会成为帮闲的角色。然而事实上却是，理想一旦脱离现实，理论一旦与实践游离，就只能是生活的旁观者，既无以参与，更无以干预。而孟子的学说中恰恰没有这一条。他只知道"道"为天下一，只知道人不以道立身、行事，连妻子儿女那里都行不通。但他知道了如何能行得通，也不肯承认，不肯去改变自己的初衷，不屑于为之。他只知道王道可以令人心服，但他不知道有多少事是你心不服，口不服，也得服的；更不知道有许多时候只有霸道才可以解决王道解决不了的问题。他只知道人性善是人的良知本能，但他无视这个世界上有多少历史的进步是靠恶来推动的。

无意为恶张目，更无意泯善扬恶。但以暴治暴，以恶治恶，有时是不可或缺的。人性自善，人当向善，这自是千古不易的真理，但人同时要有血性，要有汉气。虽不致于如匹夫见辱仗剑而起，但总不致于百忍成金那般腌臜。就连孟子不也主张大丈夫不屈于人的道理吗？

钧金重车羽，潮流浮者轻

孟子有一句话讲：一钧金的重量没有一车羽毛的重量大，但金子仍旧是金子。这句话，孟子如果用以自况，也许是最为合适的了。他也讲过，杯水车薪虽然救不了火，但仍不足以证明火胜水。这些无疑都是绝对真理，但你不得不面对的现实是：杯水不但救不了车薪，而自己也终于被蒸发了，而火还在烧；天平的杠杆终于被车羽压落了，被悬空抛起来的确实是钩金。人的命运就是这个样子，尽管悲剧英雄坚守的永远是正义、真理，但正如德国的大哲学家亚斯贝尔斯所言，悲剧英雄们在现实生活的世界里，只能悄没声地走路，只能成为牺牲品、被遗弃者。但他们将在未来的世界里得到重生。孟子的命运如此，孔子的命运如此，西方的苏格拉底、柏拉图、马基雅维利的命运也都是如此。而耶稣的命运就更为悲惨。但这些人有一点是不可战胜的：甘愿。而值得悲悯的则是他们中的无奈者。前者如屈原的宁溘死以流亡而不改此志，虽车覆马翻而不改辙；后者则如屈原的倚末号天，有如被赶出家门的孤儿弃子，呼天地而无门，欲弃世而无路，入旷野而无响应。

那么，是不是太悲观了呢？不是的。钩金虽不胜轻重，但被抛到了哪里都是金子；而鸿毛即使重于山者，也仍是鸿毛。世间只听说有淘金的，没听说有淘毛的。在时尚的河流旋涡中，浮在上面的都是密度小于水的茅草碎屑泡沫，而沉淀下来的虽未必都是宝石金砂，但金砂、宝石却注定要在时尚的潮流中沉没，而且就是沉没千年，它们也变不成草屑泡沫。这就是孟子所说的天"命"与人"性"吧。

这个问题到此并不算完结。问题的关键不在于事物的本身是什么、本性是什么，更不在于它的结果怎么样。而在于生命主体的主观选择的价值是什么。也就是说，你这一生到底要的是什么。海岸有逐臭之夫，他有臭可嗅就很满足了；而廉者不饮盗泉之水，志士不受嗟来之食。这就是孟子所言的不以饥渴而为心害，不为利欲所溺心。这也是求利得利，求仁得仁吧。前者可有一时之达，然而行必无远，乃至终害己身；后者虽有终身之困，但自有安身立命之处，自可光耀于身后。这就是孟子所说的"仁者，人之宅；义者，人之路"吧。人这一生结果无论如何，"脚上的泡都是自己走的"，都无须怨天尤人。这也许是孟子一生的穷达荣衰成败得失所告诉我们的又一条道理吧。正如他自己所说：人就该像一个射手一样，射不中靶子，不能怨靶子，而应该去检讨自己的错误。

"秋风动哀壑，碧蕙捐微芳"

这是我国著名诗圣杜甫的两句话。他在历尽微茫仕途失望绝望后，说了一句"小臣议论绝"，又留下了这两句诗。

孟子与杜甫同样，都称得上是一种文化英雄。他们都是在这块拥有古老文明国土的文化原野上，绽放过的高贵兰蕙之花。虽然他们都已在历史的秋风中殂谢了，但留下的却是千古芬芳；虽然他们都空怀一腔报国救民的雄心，但却为后人留下了不可寂灭的思想光芒和文化的泉源雨霖，让我们裹挟在一路红尘烟土中的旅人，得以见一片月洁星辉般的人性良知，得以小憩于一片干渴焦灼中的凛冽清凉。尽管前人、任何人都会有自己的局限性乃至错误，但后人没有妄加批判于前人的天赋权利。在那些把自己的碧血丹心都凝化为思想文化结晶的先哲面前，我们只有礼拜敬谢的资格。如果说没有批判精神的民族就没有建树的希望，那么只有批判精神的民族，注定只能面对一片荒原、一片被夷割得千疮百孔，而无一丝绿色生机的文化荒漠。那里只残余着到处堆满了思想坟墓与文化伏尸的狼藉。所幸迄今为止世界上还没有一个愚蠢到如此地步的民族。那么，孟子一生所历八十多个春秋寒暑，为我们都留下了什么财物呢？

孟子最高的思想文化建树，也许是为我们底定了人性善的学说。这种对人类自身本质上的描述，终于把我们从

"人与禽兽几希"的处境中，画定了标志性的分野。而且他并不因此而机械地把人的行为也固化在善的一个凝点上，而是辩证地界定了人的善恶行为既有天生的秉赋，也有环境条件的诱发，但这些都不违背人在本质上是向善、向上的。水怎样变化，都改变不了水向低处流的本性；人怎样行为，并无以否定人的本性是向上的、向善的。

孟子在仁与"仁政"思想方面的建树，称得上是孔门最为忠实的衣钵传人。他全面地继承并弘扬着孔子的仁、义、礼、智、信的学说。他明确地指出，人的高贵处在于他是"仁义行"——因为他善才有善行，有人性、仁义的思想基础，才有仁政；而不是"行仁义"——按照仁义的规范去被动地行为，而不是重现人性的使然。而仁政很重要的一个标志则是"民为重，君为轻，以民为本"。君主最关键的是第一，要行王道，以德服人，而不是以力征服，也不是靠苛法推行政治，维持统治。第二，要重义轻利。如果以利行政、以利处于人际，没有不失败的。有义在，受人之天下不为过；无义在，虽箪食瓢饮不为轻。第三，得民心者得天下。并总结夏桀、商纣之所以失天下，在于失其民，失其心；而商汤、周文、周武得天下，在于得其民、得其心。而"得其民有道，得其心斯得民。"第四，重民生、轻剥取。置民产、薄赋税。让民有恒产，得安居乐业，得温饱，则民安国自安，政自治。第五，治天下不以个人的小恩小惠，忧天下不以亲耕，不以周济到每一个人为己任。而以勤政如禹之治水八年三过家门而不入；以尧、舜为用得其人，用贤任能来解决忧天下的问题。而不能搞那些树立个人威信的小恩小惠，去沽名钓誉。孟子的政治思想在那个时代算是很完备完美的了。试想一下这些思想怎么能为那些正忙着瓜分周室天下、吞并邻邦、野心勃勃、寸利必得的诸侯王们所接受呢？就是那些难以自保的弱国小邦的王公们也没有人接受。他们所虑的只是眼下的位子。这也正是孟子不为见用的根本原因所在，也是他的思想能够为后来的大一统王朝所奉为国学、国教的原因所在。

孟子的有生之年，还是一个"两面作战"的勇敢的思想斗士。他一方面到处游说列国诸侯王，以"如欲平治天下，当今之世，舍我其谁也"的勃勃雄心与自信，去游说天下，试图以自己的思想挽狂澜于既倒的乱世政治；一方面以自己的学说和行为，来与墨子的兼爱，杨子的为我，纵横家以利害之说辞，游说诸侯以邀功利的士人堕落行为，与异端邪说的思想作战。但在这方面他是一个"失败者"。想以独木支一厦尚不可能，支天下更从何而论？他明知不可为，却矢志不改，并不附庸潮流追随时尚，仍旧独树一帜，坚守二帝三王以来的"道统"；虽不见用于世，但仍以退而著述，开馆授徒，传播思想，培养人才，来继续自己的事业。

孟子一生的学说思想，我们能见到的只有流传到如今的《孟子》七篇，三万五千余字。无论在人性论、仁政论、民本说、伦理学，以及作为个体生命的自我修养方面都有很深刻的见解。无论对于教化民众，辅政治国，修身养性方面都有应用的价值。所以自北宋以来，经朱子的底定，纳入了"四书"之中，终成国学、国教之大端。直到晚清的曾国藩，对他的学说崇拜得五体投地，自认为是孟子的私淑弟子，而且要奉其一生为师。而且在他的奏疏、日记、家书、信札中的语言，都有孟子的内容与风格。足见孟子思想的影响力之巨大、之深远。

如果对孟子的思想学说做以最简要的描述，那就是"二言以蔽之"：一为性善；一为仁政义行。他的所有思想，都是围绕这两个主题展开的。而前者是思想基础，后者是思想的实践；前者的应用领域在于怎样做一个人；后者的应用领域内是怎样为官治政。

子学之大纛，文学之美玉

孟子的学说，在中国思想史与哲学史的地位自不须赘言，虽不臻达"子曰诗云"之冠冕，但名副其实的"亚圣"地位自不可动摇。尽管先秦诸子时代是思想王国中的一个百花齐放、百家争鸣、人才辈出的时代，但孟子的思想，自是紧跟在孔子认军旗后的一面标有"孟"字的醒目大纛。尽管在思想内容上，孔孟是一以贯之的两位一体，但在文风上却饶有差别。

孔子的论述开门见山，一针见血；而孟子则由那种语录格言式的文体范式明显地向论辩文体转型，而且颇具文学色彩、多有文学语言为修饰。有些段落之长，近于一篇独立的论说文。所以有人见讥于此，说有繁冗迂绕之嫌，其实未必。古人有云文以载道，道无文必行不远，是有一定道理的。而且令人不解的是，他的一些论辩性的范式竟然与西方的苏格拉底、柏拉图如此之近似。我们可以用白话译文简略地对比一下。先看一下孟子与陈相辩许子"贤者与民并耕而食论"：

陈相拜见孟子，对他讲述许行的话说："滕国的君主自是贤君，但他并不理解君王之道。真正的贤君应当是与农民一起种地而食，早饭晚饭都自己动手为炊自己吃，同时兼理国家政事。可是现在的滕国有粮仓府库，这不是盘剥害民以自养吗？怎么能称得上贤君呢？"

　　孟子问："许子一定是自己种粮而后自食吧？"

　　陈相说："是的。"

　　孟子问："许子一定是自己织布而后为自己制衣吧？"

　　陈相说："不是的，他穿的是兽皮短衣。"

　　孟子问："许子戴帽子吗？"

　　陈相说："戴帽子。"

　　孟子问："那他戴的是什么样的帽子呢？"

　　陈相说："是白布帽子。"

　　孟子问："是自己织的不是？"

　　陈相说："不是，是用自己种地得的粮食换来的。"

　　孟子问："许子为什么不自己织呢？"

　　陈相说："那样会耽误他种地啊。"

问答到这里本可以结束了，因为道理已很清楚了。但孟子又问他，为什么许子做饭用的陶锅，自己不去制呢？耕地用的铁农具，为什么不去自己造呢？而都用粮食去换呢？陈相回答说："陶冶制器为具的事是百工的事，怎么可以一边种地一边去陶冶呢？"于是孟子便说道："那么治天下就可以一边耕地一边治政吗？君主有君主的事，农民有农民的事。更何况一个人的所有需要并不是可以完全由个人满足的，他所需要的东西，早有各行业为他准备好了，只要交易一下就可以得到。如果一切都要自己做然后自己用，那不是让天下人都要成天去跑在路上吗？更何况只有社会是有分工的，大家才能各得其所。君主有君主的事，他们哪能一边种地一边治政呢？尧舜二帝忧天下，便去寻找人才来辅佐自己治理；大禹治水八年，三过家门而不入，他就是想与民亲耕共食，哪里还有时间呢？他虽然不亲自与民种地，但治好水后，却教天下农民们种地，所以天下人都得食。所以说君主忧天下，君主贤不贤，并不可以亲耕自炊为标志。许子的说法，都是不成立的。

　　这是在《孟子》中用白话引录的。下面我们再来看一下柏拉图在他的著述中用对话论辩方式来说明什么是"好事"的说辞：

问：你认为拥有金子是好事吗？

答：确实是好事，我希望拥有很多金子。

问：很好，那么你认为我们必须拥有好东西，到处拥有好东西，对吗？

答：应当尽可能多地拥有！

问：你承认金子是好的吗？

答：对，我承认。

问：那么一个人必须拥有金子，到处拥有金子，尤其是他自身！如果某人的肚子里有金子，脑壳里有金子，每只眼睛里有金子，那么这个人会成为最幸福的人吗？

答：没错，确实有人说过，西绪亚人中最幸福、最优秀的人把大量黄金放在他们自己拥有的脑壳里，更令人惊讶的是，他们甚至把那脑壳镀了金，自己（当酒杯）用来喝酒，一边喝酒，还能一边看到金子。

最后，柏拉图用看衣服、"衣服看"的比喻，称对方是在胡说八道于不存在的事，结束了这段对话。

无论在《孟子》一书中，还是在柏拉图的著述中，以这种对话与论辩方式来讲述铺陈道理的篇章不一而足。这种方式确实有繁琐拖沓之嫌，但说理却更为从容通透，一如层层剥笋揭衣而令真相自白。而用于驳论中，则一如法官审讯，将对方置于被动之一隅而无回旋之余地，足以称雄辩之术。

在孟子的著述中，还有一个明显的特点，便是多文学性的比喻与格言警句，所以，令人于五里雾中可收豁然开朗之效，且记忆长久不忘。如对于茅塞顿开即为路，人性如杞柳，善恶如水，自省者如良射，五十步笑百步，以牛山之草被牛羊践踏而啃啮无间致秃并非牛山之本性，来比喻人性善的失却之因等敷陈演绎论说，都令人得明晰而不忘，令人于义理揭橥之中颇得文学之美、文字之美之享用。

在先秦诸子中尽管文风各异，但家家都执着于文以载道。人言古代文史不分家，而事实上，文论亦不分家。即如以言简意赅、开宗明义为特色的孔子论语，也不乏譬喻之词。如："黎牛之子，骍且角，虽欲勿用，山川岂舍诸"；"智者乐水，仁者乐山"；"岁寒，然后知松柏之后凋也"；"唐棣之华，偏其反而。岂不而思，室是远尔"；"见善如不及，见不善若探汤"；"割鸡焉用牛刀"；"不曰坚乎？磨而不磷；不曰白乎？涅而不缁。吾岂匏瓜也哉，焉能系而不食？"这些比喻、隐喻之言，无异于为道理平添双翼，增二足，不唯速其飞走之高明深远，而更生文采之光辉。正如论语中所载述的子贡之言："文采的用处与朴实同样；朴实的用处也同文采一样。虎豹之皮如果没有了自己的纹理色彩，那么与狗皮与羊皮又有什么不同呢？"还有什么比这种方式说理更透彻、更精到的呢？

　　子在川上曰，逝者如斯夫。两千多年的往昔岁月如昨夜星辰一瞬而过，如大河流水般一去无回。但孟子则立如川上不去的岩岸。其文章至今读之仍闻三王之古风，嚼之仍有新鲜之滋味，格之仍得人本之义理，用之则有正人正心、治政政理之兼得。始信人可以立言之不朽之所以。而旧中国最后的一位大儒曾国藩，为中国最早的大儒之一亲手刻传了他的《要略》（朱熹删节《孟子》而成）一书，也许会为后人之私淑自觉，证道觉他，多了一条简易的通道与工具吧。

目录

一、人性本善，本无君子小人之分

滕文公为世子，将之楚，过宋而见孟子。孟子道性善，言必称尧舜。

世子自楚反，复见孟子。孟子曰："世子疑吾言乎？夫道一而已矣。成覸谓齐景公曰：'彼，丈夫也；我，丈夫也，吾何畏彼哉？'颜渊曰：'舜，何人也？予，何人也？有为者亦若是。'公明仪曰：'文王，我师也，周公岂欺我哉？'今滕，绝长补短，将五十里也，犹可以为善国。书曰：'若药不瞑眩，厥疾不瘳。'"

（原文录于《孟子》七篇卷三，滕文公〈上〉世子章。）

━━━━━━━━━━ ❀ ━━━━━━━━━━

【译文】

滕国的国君滕文公，在执政前身为太子的时候，有一次出访楚国，中途路过宋国，听说孟子也在此，便停下来去拜见孟子。孟子就对他讲了一番人性从根本上来说是善的道理。而且每句话都用尧、舜两个先王的事，来证明他观点的正确。

这位滕国的太子从楚国回来，又去拜访孟子。孟子对他说道："您是不是很怀疑我的话没有说尽呢？其实，天下事尽管千差万别，但道理却都是一样的罢了。从前齐国的武将成对齐景公说：'他是男子汉大丈夫，我也是男子汉大丈夫，我为什么要有不如他的畏惧心呢？'孔子的学生颜渊也说过：'舜帝是什么样的人，我是什么样人？但只要我肯努力去作为，也会和他一样的。'鲁国的贤者公明仪也说过：'辅佐周武王的周公曾经讲过，说周文王是他的老师。周公是不会骗人的啊？'他们三个人讲的话无非是只要自己努力，就不要怕不如人。天下事虽不同，但道理是一样的。滕国虽然是个小国，但长短折合起来也有五十里方圆吧。如果能够用自己的长处，来补自己的短处，还是可以成为一个很美好的国家。正如《书经》所言：'如果人生病了，服的药不使人有头晕目眩的感觉，那就是药力不足，病也就不会彻底痊愈。'"

【注解】

这一段在孟子七篇的原著原版中的编次，本来是第三卷的首章。但朱熹在编选《要略》时却把它列入首卷首章。很显然朱子认为孟子思想体系的逻辑起点是"人性善"。而且把孟子原本散落于各篇章中，关于人性善恶的论说，基本上都集中在了这一卷中，显然并非随机辑纂。朱子在注此段时就讲道：在孟子的著述里面，"七篇之中，无非此理"；而今人也说"性善论是孟子道德哲学的核心内容"，当为不谬之论。

孟子向滕世子所讲的"人性善"与"称尧舜"，原本当有长论，可惜记述之太简，已无所知。好在后面的章节中所言二帝之事似可为补充。而世子重来，肯定就所疑惑处有所请教，但也被省略。从孟子的陈述来逆推，世子肯定提出了一些不同的学说，人性未必尽善，平民与圣人的人性善种种不同问题。所以孟子才说出了"道一而已"。而且世子一定提出了小人与大人，小国与大国为善不同的困惑，所以孟子才又举了三个人的例子，讲述了只要肯努力，皆可臻达善境的结论。而且以《书经》中《商书》的一句话来说明不痛下针砭，则无以克服恶的道理。

［世子］太子，王位的继承者。［性善］朱子注称："性者，人所禀于天以生之理也，浑然至善，未尝有恶。"○程子注："性即理也。天下之理，原其所自，未有不善。"显然可见，程朱二子所注，把人性善全然纳入了他们的理学轨道，似有牵强，太理学化了。这是程朱理学注四书的最为世人诟病处。"性善"，当指人的本性是仁慈善良的，是一种天生的禀赋、本能。"人之初，性本善"，但人之初哪里懂什么"理"啊？一种本能而已。凡言天生，多指物质之形，物之本性，而罕有称"理"为天生所秉的。而程朱认为理义、义理者生于内，也未必其然。说内存于心可以，说内生于心则不可。否则后天的社会化与成长教育环境便会毫无意义，这是不言自明的

事。程朱及孟子都有此类唯天、唯心、唯内的一面。本书此后皆从其本义注解，不再一一说明，读者自会领略其正。〔道一而已〕圣贤各不相同，凡圣亦不相同，但人之性善的道理和标准是一样的。而不在功业微巨、身份高低。〔文王我师也〕朱子注称这句话是周公说的话。

朱子在"孟子章句"本篇章尾按称："愚按：孟子之言性善，始见于此，而详具于《告子》之篇。然默识而旁通之，则七篇之中，无非此理。其所以扩前圣之未发，而有功于圣人之门，程子之言信矣。"那么程子又如何说呢？"孟子有功于圣门，不可胜言。仲尼只说一个仁字，孟子开口便说仁义。仲尼只说一个志，孟子便说许多养气出来。只此二字，其功甚多。""孟子有大功于世，以其言性善也。""孟子性善、养气之论，皆前圣所未发。""孟子大贤，亚圣之次也。"这些就是程子论孟子对圣门有功之处。

二、性善天生：求则得之，舍则失之

公都子曰："告子曰：'性无善，无不善也。'或曰：'性可以为善，可以为不善；是故文武兴则民好善，幽厉兴则民好暴。'或曰：'有性善，有性不善；是故以尧为君而有象，以瞽瞍为父而有舜，以纣为兄之子，且以为君，而有微子启、王子比干。'今曰性善，然则彼皆非欤？"

孟子曰："乃若其情，则可以为善矣，乃所谓善也。若夫为不善，非才之罪也。恻隐之心，人皆有之；羞恶之心，人皆有之；恭敬之心，人皆有之；是非之心，人皆有之。恻隐之心，仁也；羞恶之心，义也；恭敬之心，礼也；是非之心，智也。仁义礼智，非由外铄我也，我固有之也。弗思耳矣！故曰：'求则得之，舍则失之。'或相倍蓰而无算者，不能尽其才者也。诗曰：'天生蒸民，有物有则。民之秉彝，好是懿德。'孔子曰：'为此诗者，其知道乎？故有物必有则，民之秉彝也，故好是懿德。'"

（原文录于《孟子》七篇卷六，告子〈上〉公都章。）

【译文】

公都子对孟子说："告子说：有人说'人性无善与不善之分别'；又有人说：'人性可以为善，可以为不善。所以，有周文王、周武王那样圣贤的君主出现，百姓就自然向善；而像周幽王、周厉王那样的昏暴君主出现，百姓也自然就走向横暴了'；还有人说：'人有天生性善的，有天生性恶的。所以，像尧帝那样好的君主，却有象（舜的弟弟的名字）这样不行兄弟友爱的子民；有像瞽那般不贤的父亲，却生下了舜那样贤良的儿子；有纣王那般残暴的侄子（兄之子），而且还做了君王，却有着微子启那般宁可装疯也不背叛他，宁可被剖心也不放弃直谏的比干这样忠烈的好叔父。现在如果按先生您的性善论来比照，这些说法似乎都没有道理的啊？"

孟子回答道："这些关于恶的说法所讲，都不过是易变之人情使然，而从人性的根本上来看，他们本来都是可以为善的啊。这就是我所说的性本善。至于他后来有恶的行为，并不是人性材质的罪过。可以证明人性本善的是，人人都有四种天生的心性：①恻隐之心；②羞恶之心；③恭敬之心；④是非之心。恻隐之心就是指见到别人的不幸与痛苦，自己内心也为之隐痛的不忍、同情之心，这就是仁；羞恶之心就是指见到不美好、不光彩的丑陋与不善，便有讨厌远避而不肯为之的知耻之心，这是义；恭敬之心就是待人能由出于内心的尊重而表现出来表里如一的爱心，这就是礼；是非之心就是明白对错，见了对的、好的、善的我就赞同他，见了错的、不好的、丑恶的我就反对他的正直之心，这就是智。而这仁义礼智之四端并非自身受外部影响而变更的，而是自身生来固有的。只是人们往往不去认真地思考推想这些而已。因而说："善这种东西，你主动去求索便会得到，你放弃了它也便失去了。"这就是人与人之间虽然都是性本善，但互相比较起来却是善恶相去甚远，而不止于一倍两倍，那种差距甚至大到不可计算。那些行不善的人都是由于不求不思，而不得发扬其善良天性的禀赋才如此的啊！

"诗经上的《大雅·蒸民》篇说：'上天生万民，造物有法则。民当持其常，人性喜美德。'而孔子则说：'写这诗的人，他是很熟知人性天生向善的道理，所以才告诉我们世间有物，便有此物性的天生规定，而百姓把握了这一点，拥有这种善的天性，所以才会自然去喜欢那些美好的德性。'"

【注解】

这一段本是《孟子》七篇中《告子（上）》的中间部分，而朱子却把它腰斩安排到此处，显然是按其内容的逻辑顺序来考虑的。《孟子要略》全篇都是如此排列的。第一段提出人性善的论点，此处就多种说法展开论述，起到了全篇承上启下的作用。这种方式尽管全然打破了七篇原著中的编次，但却让人能更清晰地得见孟子在一个方面的全部见解。朱子不仅妙手著文章，而且裁锦移缎，亦称得上大编辑家。难怪令刊刻此书的曾国藩大为赞叹。

〔文、武兴〕周文王、周武王两位明君的兴起。〔幽、厉兴〕周幽王、周厉王两位暴君昏主的出现。〔非才之罪〕本句说人之所以有不善的，并不关人之本性的事。才与材通，材质，代指人的本性。〔蒸民〕众民。〔物必有则〕物为事物，则为法则。朱子注孔子所言此句称："夷，《诗》作彝，常也。懿，美也。有物必有法：如有耳目，则有聪明之德；有父子，则有慈孝之心，是民之所秉之常性也。故人之情无不好此懿德者。以此观之，则人性之善可见，而公都子所问之三说，皆不辩而自明矣。"

三、君子贵"仁义行"而非"行仁义"

孟子曰："人之所以异于禽兽者几希，庶民去之，君子存之。舜明于庶物，察于人伦，由仁义行，非行仁义也。"

（原文录于《孟子》七篇卷四，离娄〈下〉人之章。）

———————————❈———————————

【译文】

孟子说："人之所以与禽兽的差别并不大，大概也仅差在理义这一点上吧。平民百姓往往忽略了这一点，而有德之人却能够把它常存于心。而虞舜之所能成为圣人，很重要的一点，便是他自身能够明察一般事物的道理所在，了解人的伦理道德之心。所以他的行为都是按照内存于心的仁义之道主动做出来的，而不仅仅是按照仁义的规范去被动行事的。"

【注解】

本章论述"道统"思想源自人的本质属性。人与禽兽的区别在于人懂得义理，而禽兽不懂。人兽之别仅此一点而已，但这一点正是人兽的根本区别所在。而人与人的区别则在于常人往往忽略了这一点，而圣人之所以为圣人，就在于他们能存义理于心并依物理人伦天道而行。人与人的不同，仅此而已。正如朱子注本章之谓："人物之生，同得天地之理以为性；同得天地之气以为形。其不同者，独人于其间得形、气之正，而能有以全其性，为少异耳。虽曰少异，然人、物之所以分，实在于此。众人不知此而去之，则名虽为人，而实无以异于禽兽；君子知此而存之，是以战兢惕厉，而卒能有以全其所受之理也。"

〔庶民〕大众。〔去之、存之〕去之：忘记、丢掉义理。存之：把义理存在于心中，不忘依其而行。〔庶物、人伦〕物理、人情。〔仁义行、行仁义〕朱子注称："由仁义行，非行仁义，已根于心，而所行皆从此出。非以仁义为美，而后勉强行之，所谓安而行之也。此则圣人之事，不待存之，而无不存矣。"仁义行：为内发而行，因为心存仁义；行仁义：为外由而行，因仁义未存于心，所行由外引发而已。

四、君子不患所不能，而患不为不求

曹交问曰："人皆可以为尧舜，有诸？"

孟子曰："然。""交闻文王十尺，汤九尺；今交九尺四寸以长，食而粟已，如何则可？"

曰："奚有于是？亦为之而已矣。有人于此，力不能胜一匹雏，则为无力人矣。今日百钧举，则为有力人矣。然则举乌获之任，是亦为乌获而已矣。夫人岂以不胜为患哉？弗为耳。徐行后长者，谓之弟；疾行先长者，谓之不弟。夫徐行者，岂人所不能哉？所不为也。尧舜之道，孝弟而已矣。子服尧之服，诵尧之言，行尧之行，是尧而已矣。子服桀之服，诵桀之言，行桀之行，是桀而已矣。"

曰："交得见于邹君，可以假馆愿留而受业于门。"

曰："夫道若大路然，岂难知哉？人病不求耳。子归而求之，有余师。"

（原文录于《孟子》七篇卷六，告子〈下〉曹交章。）

【译文】

曹国国君的弟弟曹交问孟子说："您曾经说过，人的修为都可以达到尧舜的境界，有这种可能吗？"

孟子回答道："当然。"曹交又问道："我听说周文王身高十尺（旧制），商王成汤身高九尺，他们都是圣贤君主。如今我的身高有九尺四寸，当在二王之间，可是我不过每天白吃饭而已，怎么样才能像他们那样呢？"

孟子回答道："这何关身体的长短呢？也没必要去如此比较，无非是怎样去修为、作为而已。比如有的人他的膂力举不起来一只小鸡小鸭，这就算是无力之人了。那么，现在说如能举起三千斤（百钧）重量的人，当然就算是有力气的人了。如此推论下去，能举起乌获曾经举过的三万斤（千钧）重量的，也无非是一个如古代的大力士乌获一样的大力士而已。不过这种比较是毫无意义的。人怎么能以不胜力为忧虑呢？应该忧虑的是不肯去作为啊！在与比自己年长者一起走路的时候，能慢慢地跟在长者后面行走的人，可以称为是懂弟（悌）道的人；快步走在长者前面的就是不懂悌道礼敬的人。慢点走，岂是人做不到的吗？不过是不肯做罢了。向尧舜学习，不过是要学他们的孝行悌道而已，而不是去跟他们的帝王身份、圣贤地位、治政业绩比。你如果能够在服饰方面像尧那样既简朴又讲礼仪，说的话像尧那样仁义得体，所行之事像尧那样去做，那你就和尧没什么不同了。如果你的服饰、语言、行事都和夏桀一样，那么你就和那个荒淫残暴的亡国之君也没什么不同了。"

曹交说："我有幸见到了先生，听了您的教诲让我很有收益，我愿意借一处学馆，留下来，拜在您的门下受教诲，来研究尧舜之道。"

孟子说："道如同大路一样，没有什么难学的。人的问题只在于不肯用心去探求研究。你回去后只要认真学习探求，会比师从一个人更有益处的。"

【注解】

这一段是孟子与曹交论述怎样学习尧舜之道。从孟子所谈的内容与方式上来看，来者肯定是一个既不懂礼仪又没学养的纨绔子弟。所以才有"尧服"、"桀行"之教，而又不肯收他为弟子。其无学养竟至于提出以身材长短来比较人的德性，足见其陋。但其可取之处，竟然能够信服孟子的说教，并想拜他为师，这也属难能可贵，也是说人性本善吧。

值得注意的是文中曹交所说"得见邹君"，这个邹君并不能释为邹国的君主，而是指对孟子的尊称。据史记"孟荀合传"载：齐宣王时代的齐国曾以有三个邹子而闻名。孟子前后有邹忌、邹衍仕于齐，孟子也曾为齐客卿，因其是邹县人，时人也附俪尊称他为邹子，为齐之"三邹子"之一。段末的"有余师"，当释为随时随地都有老师，亲师取友亦可为师，而不必师从一人为师的意思。余字不能做我字解。

曹交虽贵为曹君的弟弟，但孟子仍不收他为弟子，亦可见孟子待人处世之耿介一斑之法门。

[交闻] 曹交听说。[尺] 此处之尺指身高。[食而粟已] 白白吃饭。[乌获] 古代著名大力士。[徐行后长者] 慢慢跟在长者的后面走。[邹君] 非邹国之君，而是指孟子，孟子为邹地人。

五、人性如水，虽有势变而非关本性

告子曰："性犹湍水也，决诸东方则东流，决诸西方则西流。人性之无分于善不善也，犹水之无分于东西也。"

孟子曰"水信无分于东西，无分于上下乎。人性之善也，犹水之就下也。人无有不善，水无有不下。今夫水搏而跃之可使过颡，激而行之，可使在山，是岂水之性哉？其势则然也。人之可使为不善。其性亦犹是也。"

（原文录自《孟子》七篇卷七，告子〈上〉湍水章。）

━━━━━━ ❀ ━━━━━━

【译文】

告子说："人性就像奔流湍急的河水一样，决开东面的河堤，它就会向东流；决开西面的河堤，它就会向西流。人性是没有善与不善的区别的，就像这河水一样，向东流向西流都是这一河之水，没什么两样。"

　　孟子反驳说："水自然没有您说的这种向东流西流的区别，但是谁能说水没有向高处流、向低处流的区别呢？就本质而言，人性的向善，和水向低处流的本性是一样的。人的本性是没有不向善的，水的本性是没有不向低处流的。是的，现在就水而言，如果加之人力的搏击拍打让它跳跃起来，它也会向上高过人的额头；如果堵住它的下游，让它撞到截坝上，反激其倒流，可以把它弄到高山上去。但这能是水的本性使然吗？这不过是它受到一种外力造成的势使它这样的。人有时也可能会有不善的种种作为，这也是如同水之遇势一样使其如此，而他的本性和原来还是一样的。"

【注解】

　　孟子七篇中的《告子》这一篇，是朱熹十分看重的。尽管他把该篇肢解得七零八落，重新编排，但却让人更清晰地看到了孟子关于人性善恶论述的逻辑层次与体系，反倒没了读原版原编的那种七零八落感。

　　在孟子与告子论人性善恶中，这一段是由前一段"杞柳章"引起，但被朱子将这一章删去。而且"杞柳章"又是告子篇的首章。重编者舍其首而取其次，自非无因之举。

　　在"杞柳章"中，告子说："天生的人性就像杞柳一样，而人后天的义行，就像这树木由人工加工而成的杯盘一样。如果认为人心天生是仁义的，那就如同把树木拿来直接当杯盘用一样。"而孟子则诘问告子说："那你能够顺于杞柳的天性，不去伤害它而加工成杯盘吗？还不是要通过人工的办法，加害于杞柳，才能做成杯盘吗？如果是这样，那你把人性比杞柳，把仁义比杯盘，那不就是在说，要先加害于人性，然后才能做成仁义吗？这样就势必导致全天下的人都不愿意去做仁义之人，因为仁义有害于天性啊。而真正祸害仁义的，一定是你的这种言论了。"

朱子为什么会把这段删掉？已不可得详。也许朱子并不赞同孟子的这种观点吧。其实，仔细想来，告子的说法未必全然不是，人的仁义之心、仁义之行，未必全由天生，而无后天养成。否则施教化、自修养又有何意义？而真仁义者，又未必因受其害而弃仁义，如此，而又何以称仁义？本来仁义之概念，自有舍弃个人利益，不计个人利害的含义。对于这一点，孟子在后面，也有舍生取义之说，似与其驳"杞柳说"自相矛盾。

［湍］急流貌。［过颡］超过额头。［水之性］水向低处流是它的本性。而向东西南北上这些方位流淌跃动，无非是外物外力、地势使之如此，这都不是它的本性。人性也如此，人的本性是善的，如有种种变化也是外物外力外境使之不善，同样与本性无关。

六、人皆有"四心"，惟君子能扩充之

孟子曰："人皆有不忍人之心。先王有不忍人之心，斯有不忍人之政矣。以不忍人之心，行不忍人之政，治天下可运之掌上。所以谓人皆有不忍人之心者，今人乍见孺子将入于井，皆有怵惕恻隐之心，非所以内交于孺子之父母也，非所以要誉于乡党朋友也，非恶其声而然也。由是观之，无恻隐之心，非人也；无羞恶之心，非人也；无辞让之心，非人也；无是非之心，非人也。恻隐之心，仁之端也；羞恶之心，义之端也；辞让之心，礼之端也；是非之心，智之端也。人之有是四端也，犹其有四体也。有是四端，而自谓不能者，自贼者也；谓其君不能者，贼其君者也。凡有四端于我者，知皆扩而充之矣，若火之始然，泉之始达。苟能充之，足以保四海；苟不充之，不足以事父母。"

（原文录于《孟子》七篇卷二，公孙丑〈上〉人皆章。）

孟子说："人都有天生不忍见他人苦难祸殃诸不幸的物伤其类的心性。先王正由于有这种不忍之心，才有仁政美政的实施。能以不忍人之心，行不忍人之仁政，那么治理天下就会如同在手掌心中运行一样，很容易把握自如。而之所以讲人都有不忍人之心者，比如现在人们看见别人家的小孩爬到了井边上，要掉进井里，便都会自然产生惊惧同情隐痛之心。这种感觉的产生，既不是想讨好孩子的父母，也不是为了邀得乡里邻人朋友之间的赞誉，也不是因为厌恶这孩子的哭叫声才这样的。由此观之，推而广之，没有恻隐之心的人，没有羞恶之心的人，没有辞让之心的人，没有是非之心的人，都不能算是一个人。以上"四心"则分别是仁、义、礼、智的发端起点。一个人拥有这四端，就如同人有四肢一样。有此四端而自身仍不能善行者，就是自伤自害者；而说他的君主不能善行者，便是害他的君主。凡是拥有了这四端于自身的人，就应该懂得从这四个起点出发，不断地去扩大充盈扎实自己的善心。就像是刚刚燃烧起来的火一样，要不断地让它扩大成燎原之势；如泉水初涌，让它不断地涌流，直至通达四海。如果能使其扩充起来，那么就是行于四海也一定会保太平；否则，就连事养父母都不足以保证。

【注解】

朱子称：孟子之所以说人皆有忍人之心，是因为天地之道以生养万物为心，而得以生养的万物都先天以得天地之心为己心。而文中所言见孺子将入井而所生之恻隐之心，纯为未加思索出自天性的真心，出于自然，而毫无自私之意。而不忍人之心就是恻隐之心。而恻者是为伤之痛，隐者为痛之深，是一片为他人之不幸而自然生发出来的无言的极伤痛之心。也正为此，方可为人性善之佐证。显然，孟子的这段论述足以证明，中国人对于人性的认识在两千多年前，就已经达到了现代科学的高度。如孟子讲的几个"非人也"，并非随意而发，而是在讲人与动物的根本区别。

这里很为程朱理学所推重的是"扩而充之"。朱子说："学者于此，反求默识而扩充之，则天之所以与我者，可以无不尽矣。"而程子则讲道："人皆有是心，唯君子为能扩而充之。不能然者，皆自弃也。"这里只讲仁、义、礼、智之四端，而不言信字，程子认为是"既有诚心为四端，则信在其中矣。"

［不忍人之心］即恻隐之心。［内交］讨好意。［要誉］有意讨取好名声。［乡党］指同乡。此党非今党义，乃是古代乡之下的一个小村屯组织建制，五百户为一党。［贼］害。

七、扩充之道：不忍达于忍；不为达于为

　　孟子曰："人皆有所不忍，达之于其所忍，仁也；人皆有所不为，达之于其所为，义也。人能充无欲害人之心，而仁不可胜用也；人能充无穿窬之心，而义不可胜也。人能充无受尔汝之实，无所往而不为义也。士未可以言而言，是以言餂之也；可以言而不言，是以不言餂之也。是皆穿窬之类也。"

　　（原文录于《孟子》七篇卷七，尽心〈下〉人皆章。）

【译文】
　　孟子说："人人都有一片不忍之心，如果能把这种不忍之心，扩展到他那些残忍之处，这就真正地达到仁的境界了；人人都有自己不肯为之的事物，如果能把此种向善的不为之心，扩展到他那些不应该去为的事物上去，那他就真正地臻达了

义的田地。人如果能把自己那种天生不想有损有害于他人的善心，充实扩展开来，那片善良的仁心就会用之不尽了；人如果能把那种不肯翻墙盗洞、投机钻营、为我自利而不择手段的心性，充实扩展开来，那么义就会取之不竭了。人如果能够把那种不肯受人'你啊你'地呼来喝去无所尊重之辱的羞耻之心充实起来，既不受辱也不去辱人，毫无亏缺之处，那你的所往所为就没有不符合义的了。"

【注解】

这是孟子七篇中最后一篇"人皆章"的一段。朱子把它截来，承接卷二的"人皆章"，两章对接得天衣无缝。上一段只讲述了人以立身的"四心四端"，而且提出了对此"扩而充之"的命题，但并未指出如何去扩充。而这一段则恰好指出了应该如何去扩充。而朱子重编的《孟子要略》最大好处，就是使人在了解孟子思想体系时，免去了寻章摘句的翻检、拼接之苦，也剔除了那种七零八落的感觉。而没有体系的东西，不能称为思想，只是一得之见而已。

朱子对孟子思想地位底定与传播，真是功莫大焉。既把孟子纳入"四书"之中，又为其做"集注"，同时又重编成《要略》一书。虽失传恒久，但赖有刘传莹先生的有心发现，精心钩沉，使其得以旧面目见新天日，而曾国藩又为其序刻传诸于世。这也是孟子的思想魅力使然吧。

孟子在本章结尾处一段原文为："士未可以言而言，是以言餂之也。可以言而不言，是以不言餂之也。是皆穿窬之类也。"意思是说：读书人在不该讲话时而去讲话，这是"餂"（tiǎn）——用语言来勾引人，试探人；在可以讲话时不讲话，这是用不发言来探取他人的意思。这两种方式都是和那种"穿窬"之人是一类的，既不光明，也不正大。

文中的［餂］字是诱取、勾引的意思。宋代的陆九渊讲过："以言餂人，以不言餂人，均为穿窬之数。"这是对孟子这段话的解释。其中［穿窬］二字是从孔子那里来的。这两个字从孔子而孟子，而朱子，而陆子，一直到曾国藩，经常见诸于行文之中。什么意思呢？穿是翻越之意；窬（yú）是门边的洞隙，也是挖空的含义。孔子在《论语·阳货》中有"其犹穿窬盗也"句；《后汉书·陈忠传》有"夫穿窬不禁，则致强盗"句。所以，这两个字似可以理解为不走正路的偷盗行为，或投机取巧的机心诈意。

孟子在本章主要讲述人对"四心四端"的扩、充之道。扩道为推而广之，由此及彼、由表及里、举一反三、触类旁通；充道为充实之意，要先使自己的四心充满扎实，然后才有扩之可行。自身尚不扎实完满，自心尚有亏缺，如何能推而广之，扩而大之呢？尽管性善是人天生固有的本性，但人人都有为外物所诱惑之时、所蒙蔽之处，这正是孟子十分重视"扩充"的所在。所以，朱子也讲：尽管恻隐之心人皆有之，"然以气质之偏、物欲之蔽，则于他事或有不能者。但推所能，达之于所不能，则无非仁义矣。"这也正是孟子思想的辩证而非一点论之处。

朱子的［扩充之道］基本为"四推"："但推所能，达之于所不能"；"推所不忍，以达于所忍"；"推其所不为，以达于所为"；推其所不受，达其"无所亏缺"。

八、天下鞋相似于足同，心相似于理同

告子曰："食、色，性也；仁，内也，非外也。义，外也，非内也。"

孟子曰："何以谓仁内义外也？"

曰："彼长而我长之，非有长于我也。犹彼白而我白之，从其白于外也，故谓之外也。"

曰："异于（张氏曰：异于二字疑衍，李氏曰或有缺文。）白马之白也，无以异于白人之白也。不识长马之长也，无以异于长人之长欤。且谓长者义乎？长之者义乎？"

曰："吾弟则爱之，秦人之弟则不爱也；是以我为悦者也，故谓之内。长楚人之长，亦长吾之长，是以长为悦者也，故谓之外也。"

曰："者（嗜）秦人之炙，无以异于者吾炙；夫物则亦有然者也，然则者炙亦有外欤？"

（原文录于《孟子》七篇卷六，告子〈上〉食色章。）

孟子曰："富岁，子弟多赖；凶岁，子弟多暴。非天之降才尔殊也，其所以陷溺其心者然也。今夫麦播种而耰之，其地同，树之时又同，勃然而生，至于日至之时皆熟矣。虽有不同，则地有肥硗、雨露之养，人事之不齐也。故凡同类者，举相似也，何独至于人而疑之？圣人与我同类者。故龙子曰：'不知足而为屦。我知其不为蒉也。'屦之相似，天下之足同也。口之于味，有同耆也。易牙先得我口之所耆者也。如使口之于味也，其性与人殊，若犬马之与我不同类也，则天下何耆皆从易牙之于味也？至于味，天下期于易牙，是天下之口相似也。惟耳亦然，至于声，天下期于师旷，是天下之耳相似也。惟目亦然，至于子都，天下莫不知其姣也。不知子都之姣者，无目者也。故曰：口之于味也，有同耆焉；耳之于声也，有同听焉；目之于色也，有同美焉。至于心，独无所同然乎？心之所同然者，何也？谓理也，义也。圣人先得我心之所同然耳，故理义之悦我心，犹刍豢之悦我口。"

（原文录于《孟子》七篇卷六，告子〈上〉富岁章。）

【译文】

告子说："饮食男女之事，是人不用教也不用学的固有天性。所以说，仁心是人内心固有的，而不是从外部来的。义则是受外部影响诱发才有。"

孟子则反驳他说："怎么能说仁生于内而义成于外呢？"

告子说："比如一个人年长于我，是因为他的年长，我才敬他，并不是我从心里就要敬他的年长。这就如同白的东西是因为它是白的，我才认定它是白的一样。而这种结论是从它外在的白而得出的，所以说义是由外而生的。"

孟子说："这是不同的。白马的白固然与白人的白是没有两样的。但不知道尊敬那老马的年长，与尊敬人的年长是不是一样呢？再说了，到底是因为他年长才敬他合于义，还是从我内心尊敬他的年长合于义呢？"

告子说："我所以说仁内义外，比如我的弟弟我是爱他的；而若是秦人的弟弟，我就不会那样地爱他。这是因为我从心里喜欢我的弟弟，而且是让我自己高兴的事，一切都是我主动，所以说仁爱的感情是发于内心的。但无论是尊敬楚人的长辈，还是尊敬我的长辈，都是因为他们年长，我才去敬的，而敬人则是让他们喜欢的事，而我是被动的，所以说义的行为是外生的。"

孟子说："喜欢吃秦国人烤的肉，与喜欢吃自己烤的肉的心理是没什么不同的，不过都是爱吃烤肉而已。事物的道理也是与此同样的罢了。难道'爱吃烤肉'的嗜好还有外生的吗？"

孟子说："丰收富裕之年，青少年子弟衣食足而有所依赖，多向善之心；欠收动乱之年，青少年子弟衣食无安，自多横暴走险之举而少善行。这不是上天故意让人一出生就不公平有所差别，而是人生所际遇的时世不同，行为便有所不同。就像那些子弟的横暴，也无非是由于饥寒交迫所逼使他们溺昧善心，陷入不良的行为中。并非他们的本性天生如此。这就如同种大麦一样：都是同时播种，同样培土，种在同一块土地上。又一同生机勃勃地成长。到了成熟的日子，也都一齐成熟了。但它们各自籽粒的大小轻重却有所不同。虽然如此，却是因为它们各自的立地条件有肥有瘠，得到的阳光雨露有多有少，人力耕耘的劳动程度有所不同的缘故。而与大麦种子的本性无关。所以，凡是同类的事物在本原本性上都是相似无异的。为什么单单对人与人的本性相同却有所怀疑呢？其实，就是圣人，与我们常人的人性也都是同类啊！所以龙子说：'即使不知道脚的大小便去做鞋子，但我相信他也不会把鞋做成筐子那样的。'龙子说得很对啊，因为天下人的脚形是一样的，所以鞋虽有大小肥瘦之别，但鞋的形状却都是相似的。这就和人的口味是一样的道理。口对于味道是有相同的嗜好的。这就是齐国那个易牙长于品尝滋味能做出让人可口的菜肴的原因所在。他不过是先了解掌握了人的口味嗜好罢了。如果说天下人之口对于味道的感觉相似，与人性的相同不一样的差别，就像犬马与人不同类那样大，那么天下人为什么都偏嗜于易牙所调出来的滋味呢？其实天下人的口味都喜欢易牙所调的滋味，无非是因为天下人的味觉都相似的缘故。就是人的耳之听觉也同样，天下人都愿意听音乐大师师旷的乐曲，是天下人对音乐的听觉审美相似。眼睛的视觉也同样。天下人都以古代的子都为美男子，以至于不知子都之美者，被称为没长眼睛，也无非是说明人的视觉审美标准也是相似的。所以说：人口对于味道的品尝，尽管各有所好，但在总体上，嗜好是相似的；人的耳朵对于乐声的欣赏，是有共同喜好的；人的眼睛对于人相貌的视觉，是有相同审美标准的。那么对于人心而言，就没有相同之处吗？人心的相同统一于什么呢？在于理与义。圣人之所以为圣人，并没有与常人有什么不同的，只是先掌握了人心相同于何处罢了。所以他们所讲述的理义之道，让人心里感到的愉悦快乐，就像口中食用着食草的牛羊，食谷的猪犬一样愉悦欢喜。"

【注解】

以上两章用尽了种种比喻，无非都是为了揭示并证明一个道理：天下人的本性是相同的，都是天赋内生的，人性是向善、赞美、乐理义的。但在这两章中，孟子都注重于阐述一般，而没有言及特殊与例外。所以，我们在阅读时，务须从一般的、总体上、大端上去理解孟子的理喻，否则就会产多所谬言的感觉。尽管孟子的立、驳论都相当雄辩，但一旦只强调一般而忽略了特殊，只强调共性而忽略了个性，只强调了内因而忽略了外因，便都有一点论之绝对、偏狭之嫌。所以朱子说："气质所禀虽有不善，而不害性之本善；性虽本善，而不可以无省察矫揉之功，学者所当深玩也。"

　　"富岁章"中的〔麰〕字，音牟，指大麦。龙子所言之〔蒉〕音溃，指草编的筐子。文中耆字通嗜。〔易牙〕人名，齐国的佞臣。以烹调知味而邀宠于齐王，而终为国之乱臣贼子。〔师旷〕古代晋国的国之乐师，通晓音律，后人奉其为乐圣。〔子都〕古代的著名美男子，有如女中西施之著名。〔刍豢〕刍音除，为食草之牛羊类动物；豢音换，为食五谷杂粮、杂食的猪狗类动物。

　　"富岁章"中最后讲"心之所同然者何也？谓理也，义也。"程子注："性即理也。理则尧至于涂人（百姓）一（同）也。"

九、"夜气说"：良心失养则消

　　孟子曰："牛山之木尝美矣。以其郊于大国也，斧斤伐之，可以为美乎？是其日夜之所息，雨露之所润，非无萌蘖之生焉！牛羊又从而牧之，是以若彼濯濯也。人见其濯濯也，以为未尝有材焉，此岂山之性也哉？虽存乎人者，岂无仁义之心哉？其所以放其良心者，亦犹斧斤之于木也，旦旦而伐之，可以为美乎？其日夜之所息，平旦之气，其好恶与人相近也者几希，则其旦昼之所为，有梏亡之矣。梏之反覆，则其夜气不足以存；夜气不足以存，则其违禽兽不远矣。人见其禽兽也，而以为未尝有才焉者，是岂人之情也哉？故苟得其养，无物不长；苟失其养，无物不消。孔子曰：'操则存，舍则亡；出入无时，莫知其乡。'惟心之谓欤？"

　　（原文录于《孟子》七篇卷六，告子〈上〉牛山章。）

【译文】

孟子说："齐国都城东南牛山上的树木，曾经很茂盛丰美啊！可是由于它坐落在这个大国都城的近郊，为了满足城里对木材的需要，便不断地遭受到斧砍锯伐的厄运，怎么还能保有它的丰美呢？是的，砍伐之后，它经过日夜生息休养恢复，还有雨水露水的朝夕滋润，不是没有萌条蘖枝重新生发出来，但可惜的是这些新生的枝芽嫩叶，又被随便放牧的牛羊啃啮净尽。所以那山也就只能变成光秃秃的了。可是，人们看到的只是它眼前光秃秃的样子，就以为它从来就这样而没生长过丰美的树木美材。但这怎么能看成山的本性就是这个样子呢？

"如果把这山的变化之理，来比喻人性的变化，也是一样的道理。人岂是天生不存有仁义之心的呢？虽然如此，但对于那些放失良心者来说，就如同牛山之木一样，再美也耐不得天天的斧砍锯伐，怎么还会保有它的茂盛丰美呢？他日夜修养将息省悟的所得，就像早晨起来呼吸到新鲜则不浑浊的空气一样，本可以吐故纳新重新作起。但此时他心中的喜恶，与常人相近处已经很少了。再加之白天又开始去为不善，使自己那点良心发现，又被那些像是木制的手铐一样的恶习所禁锢一样而消失了。如此反复辗转的恶性循环，夜间复萌的那点善心终于不存在了，所以他的好恶离禽兽也就不远了。所以别人见到他近于禽兽的心性行为，就会认为他从来就不是美好善良之辈。但怎能说这就是人的本性呢？所以说如果得其所培养，无论人与物都没有不生长的道理；如果失其培养，就没有什么是不会消亡失去的了。正如孔子所说：'一个人的善心，把握操守得住的，就会有所留存；一松手也就失去了。就像一个流浪儿一样，不知什么时候出入，也不知他归宿何处。'莫非这就是对人心本性的说法吗？"

【注解】

孟子的这一段，前半部分的比喻与论述很优美，说理也很透彻；而后半部分不太容易读懂。但处处对照前半部分的牛山之喻，便也大致清楚。如果能把孟子的"夜气之说"搞明白，那也就全文豁然开朗了。所以朱熹说："孟子发此夜气之说，于学者极有力，宜熟玩而深省之也。"并引他的一位老师的话对"夜气"进行了解释："愚闻之师曰：'人，理义之心未尝无，唯持守之即在尔。若于旦昼之间，不至梏亡，则夜气愈清。夜气清，则平旦未与物接之时，湛然虚明气象，自可见矣。'"朱子所称之为师的老先生的解释虽然一般，却是很实在的道理。

所谓［夜气］，当指人的自我反省觉悟、良心发现、自我修为的过程，未必指夜间。孟子的夜气说乃源自牛山之木的比喻，是指树木被砍伐后的休养生息的过程，是讲"日夜之所息"。由树木之比喻而过渡到人时，才明确提出"夜气说"——"梏之反复，则其夜气不足以存；夜气不足以存，则其违禽兽不远矣。"由于人大体上白天与外部事物接触、行为，夜间休息。而人又多有于夜间思考、反省的习惯。所以孟子才称其"夜气"，所以"夜气"当为代指自我反省后的良心发现与觉悟。但这"夜气"之所省所修所养，与"旦昼之所为"是一个知与行的关系。知易行难，几乎是人类行为的世代定理。知道了，领悟了，未必就能实行，就能改正；而且实行了、改正了，也未必能持之以恒。所以孟子既有"梏之反复"之忧，又有"夜气不存"之虑，更有由此而几近禽兽之惧。所以又引述了孔子的"操则存，舍则亡"来做这段的结语。所以不管怎样三反五复地比喻、引述，孟子在这里所要说给人的无非是：坚守自己的良知，不要放松自己，不要让自己不善的行为来泯灭自己的善良本性，才能达到人性的完美。而牛山的本性与人的本性是同样的，原本都是美的。

文中［萌蘖］的萌字当音明，是为树干砍伐后由伐口处萌发的新枝，俗称"萌条"；蘖是指从树木根部直接分生的独立树体。［濯濯］本义光洁，这里指牛山光秃秃的样子。［斧斤］中的斤字为古代与斧子近似的一种伐木工具。"所以放其良心者"中的［放］字为失去义。"有梏亡之矣"中的［梏］字，音固。是古代一种木制的手铐。"梏亡"的意思是因为受禁锢、束缚而失去。［旦］作为时间的概念有二义：其一，旦本义为日初升。引申为早晨；其二，可引申为天、日。旦夕、旦暮之旦为早晨；一旦为一天，旦旦则为天天、日日；旦日为明天；旦昼则指白天。"操则存"中的［操］字为保持、坚守义。"莫知其乡"中的［乡］字，指处所或朝着、面向意。如古文中的"西乡"便是面朝西的方向，同西向。

十、君子以德修"天爵"必得"人爵"

孟子曰："有天爵者，有人爵者。仁义忠信，乐善不倦，此天爵也；公卿大夫，此人爵也。古之人，修其天爵，而人爵从之。今之人，修其天爵，以要人爵，既得人爵，而弃其天爵，则惑之甚者也，终亦必亡而已矣。"

（原文录于《孟子》七篇卷六，告子〈下〉天爵章。）

【译文】

孟子说："这世上有两种爵位：一种是天爵；一种叫人爵。一个人拥有了仁义忠信，乐善不倦的德性，这就是天赐之爵；那些个由君主所封赏的三公九卿、王侯大夫，这就是由受命而得的人爵。古时候的人注重德行的修为，爵禄自然也就随之而来；如今的人修德性，却是为了搏得爵禄。而人爵一旦到手了，便放弃了天爵。这真是糊涂到了极点，早晚要把所得的人爵也弄丢了。"

【注解】

朱子称："天爵者，德义可尊，自然之贵也。"人如果能顺天爵而行事，那么孟子讲的人爵便会"不待求之而自至也。""以要人爵"中的〔要〕字，与邀字通，为博取求得义。

〔爵〕位之尊贵者。〔人爵〕指由他人所授的官位。〔天爵〕是指人的修为到家，不用博取奔求，便自然尊贵，所以称"天"爵；个人修为一旦到家，便又会自然有爵位随之而来。孟子在这里告诉人们的一个道理是：功名利禄一切以自然为贵。修德到家，无位也自是尊贵。更何况随其后自有人爵会随之而来呢？所以明代的儒学大师王阳明便讲：播种的时候不要先想着生根、发芽、长叶、开花、结果，只管播种是了。也无非讲顺其自然。许多事，人一旦算计在先，目的性太强，结果常常是适得其反。古文中的德字与得字通义。德性的事自修自得，修到了便得到了。得官不得官，有位无位并不重要。而那些把修身养德当成升官的敲门砖者，一旦达到目的，必然把这块砖头扔掉，同时他的官位也自然随之而去。千万别说不灵不验，就是今日的高官显位厚禄者，也少有人能逃得过此定律。至少那些下马落网者都是因了此律。是的，也有圣人终身不得而仕，小人一朝飞黄腾达的事，但这不是正理正道。圣人仕与不仕终为圣人，小人达与不达仍是小人。狗尿苔长在了金銮殿上也是臭蘑菇，哪怕仍有人顶礼膜拜山呼万岁；灵芝参草生于老林草莽之中，也有山人不辞披星戴月之苦率而寻踪。这就是有德与无德的区别，是人爵与天爵之位的不同。而今人则多反其道而行之，所以自多蹉跌落马失足狼狈者。和珅之流于今亦不少见。

和珅其人，人多耳熟能详，可谓臭名昭彰。但历史上的和珅实际上是一个极有学问，极聪明过顶之人。可惜的是他的一切才气全用于巴结钻营升官贪墨上。以学问、聪明、机灵剔透而邀宠于乾隆，可谓如影随形，须臾不可却离。所以朝中高官任其做，天下骏马任其骑。而一得"人爵"加身冠顶，便弃"天爵"于不顾，疯贪狂墨，巴不得天下珍宝金银尽入其私囊中，大有一囊穷天下之势；而且朝内外气焰熏天，连皇太子都要受其欺凌，而只捧住乾隆一人的臭脚，真正是一人之下，普天之上了。可是乾隆刚去世，便被嘉庆帝软禁起来，以空前绝后的高效率被下狱抄家，诏告天下，曝其二十余起大罪，马上判处死刑，身败名裂、家破人亡。今人得"人爵"者，无论其位多高、权多大，不可不鉴、不慎。

十一、从其大体为君子，从其小体为小人

公都子问曰："均是人也，或为大人，或为小人，何也？"

孟子曰："从其大体为大人，从其小体为小人。"

曰："均是人也，或从其大体，或从其小体，何也？"

曰："耳目之官，不思，而蔽于物，物交物，则引之而已矣。心之官，则思，思则得之，不思则不得也。此天之所以与我者。先立乎其大者，则其小者不能夺也；此为大人而已矣。"

（原文录于《孟子》七篇卷六，告子〈上〉公都章。）

【译文】

公都子向孟子问道："都是一样的人，却有的是心怀仁善光明正大的大人，有的是只知满足个人耳目口腹欲望苟苟且且

的小人，这是什么原因呢？"

孟子回答道："按照仁善之心这个大体而修而行的人，便是大人；听从自己个人私欲的召唤这个小体而行的人，便是小人。"

公都子又问道："那么，都是一样的人，却有的人能追随善心仁德而行，有的人则追随个人的耳目口腹欲念而行，这又是什么原因呢？"

孟子答道："人的耳目类器官没有思考的能力，所以为事物的声色形味各种表象所蒙蔽。自身的感觉器官之物与外物一经接触，自然会受到吸引诱惑。但人的心就不同了，心有思考分辨的能力。凡接触外物时，心如果履行思考的功能，就会明得失而不受外物所蔽；心如果不去思考，只凭感官去认识，就一定会受外物表象所惑而有所失。耳、目、心三者都是天赋于人的。但在三者中，耳、目显然为小，心则为大。一个人如果先立心志之大者，那么耳目口鼻这些小端就不会被声色犬马这些外物所迷惑，而动摇人的善心仁德，也自然就成为大人了。"

【注解】

本章主旨意在说明人的修养功夫决定人的品位高低。还是接着前面讲人的大小贵贱，在己不在人，在心不在物，在内不在外。一切都在于你本人内心怎样。怎样用心。或者说用什么心，你就是怎样的人。

文中的"心之官则思"以下，朱子注为："官之为言司也。（官字的含义是所司之职守、功能；司为主管义）耳司听，目司视，各有所职而不能司，是以蔽于外物。既不能思而蔽于外物，则亦一物而已。又以外物交于此物，其引之而去不难矣。心则能思，而以思为职。凡事物之来，心得其职，则得其理，而物不能蔽；失其职，则不得其理，而物来蔽之。此三者（耳、目、心），皆天之所以与我者，而心为大。若能有以立之，则事无不思，而耳目之欲不能夺之矣。此所以为大人也。……范浚《心箴》曰：'茫茫堪舆（天地），俯仰无垠。人于其间，眇然有身。是身之微，太仓稊米。参为三才（天、地、人），曰惟心耳。往古来今，孰无此心？心为形物欲役，乃兽及禽。惟口耳目，手足动静。投间抵隙，为厥心病。一心之微，众欲攻之。其与存者，呜呼几希！君子存诚，克念克敬。天君泰然，百体从令。'"

赵岐的《孟子注疏》称："孟子曰人有耳目之官不思，故为物所蔽。官，精神所在也。谓人有五官六腑，物事也。利欲之事来交，引其精神，心官不思善，故失其道而没为小人也。此乃天所与人情性。先立乎其大者，谓生而有善性也。小者，情欲也。善胜恶，则恶不能夺之而已矣。"

孙奭的《孟子正义》疏称："此章言天与人性，先立其大，心官思之，邪不垂越，故谓之大人者也。""耳目主视听，是以为官者也；心君主官者也。亦谓其官者，以其亦主思故，亦谓官矣。荀子云：心，君也。房中虚而治五官者，也是以心思之大者，而小者不能夺，其耳目不为利欲之所蔽。此所以从其大体而为大人也。彼小人者，以其不思而为利欲所蔽故也。"

文中的〔大体〕指心。喻指人的良善仁义道德；〔小体〕耳目，代指人的各种感官，喻指人的利欲之望。〔官〕本段有二义：一为职司，如耳、目是管视、听的；二为主宰意，如心就是五官的君主，是管五官的；而心的职司则是管思考的。

十二、君子成其正途
无非收其走失之心而已

孟子曰:"仁,人心也;义,人路也。舍其路而弗由,放其心而不知求,哀哉!人有鸡犬,放则知求之;有放心,而不知求。学问之道无他,求其放心而已矣。"

（原文录于《孟子》七篇卷六,告子〈上〉仁人章。）

【译文】

孟子说:"所谓仁,无非是指人的善良之心;所谓义,无非是指人应该去走的正途。人如果放弃仁义而不走正路,丢掉了善心而不去找回来,悲哀啊!人所养的鸡狗跑丢了,都知道去把它们寻找回来,怎么能把自己善良的本心丢掉了,却不知道去把它寻找回来呢?而人求得修身养性之学问的办法,无非是把丢掉了的善心寻找回来罢了。"

【注解】

孟子在本章讲的道理非常明白：守仁心，行义路。一个人的仁义，无非是表现在人的心地是否善良，在行为上是否走正路这两条。人们问道寻学，修身养性的根本办法，无非是把已经走失的人性善寻找收拢回来。正如赵岐的"注疏"中所说："人知求其鸡犬，莫知求其心者，惑也。学问所以求之矣。"而孙奭的"正义"中则说："此章言由路求心为得其本；追逐鸡犬，务其末也。学以求之详矣。""能求放心则仁义存矣，以其人之所以学问者，亦以精此仁义也。"朱子在此章注中说："学问之事，固非一端，然其道在于求其放心而已。盖能如是则志气清明、义理昭著，而可以上达，不然则昏昧放逸，虽曰从事于学，而终不能有此发明矣。故程子曰：'圣人千言万语，只是欲人将已放之心约之，使反复入身来，自能寻向上去，下学而上达也。'此乃孟子开示切要之道，程子又发明之，曲尽其指，学者宜服膺而勿失也。"

朱子注 [仁义] 二字为："仁者心之德，程子所谓心如谷种，仁则其生之性，是也。然但谓之仁，则人不知其切于己，故反而名之曰人心，则可以见其为此身酬酢万变之主，而不可须臾失矣。义者行事之宜，谓之人路，则可以见其为出入往来必由之道，而不可须臾舍矣。"程子注 [鸡犬] 为："心至重，鸡犬至轻。"文中的 [求] 字为寻找收回义；[放心] 游走于仁善之外的种种欲望之心，是谓走失之心，如脱缰出笼失控的心猿意马，所以称"放"。

十三、养心莫善于寡欲

孟子曰："养心莫善于寡欲。其为人也寡欲，虽有不存焉者寡矣；其为人也多欲，虽有存焉者寡矣。"

（原文录于《孟子》七篇卷七，尽心〈下〉养心章。）

【译文】

孟子说："培养善良心性的办法，没有比减少与节制自己那些个人私欲奢望更好的了。如果一个人平时就没有那么多私欲，那么即使心中仍有不合善性的东西存在，但那也一定是很少的了。如果一个人平时的欲望总是很多，那么即使心中本来存有的善性也会很少了。"

【注解】

孟子在本章的宗旨，是告诉人们养心的办法是减少自己种种与善心义路不合的私欲。本章在《孟子》七篇中的地位并不显赫，是排列于最后一篇的后半部，也只有三十几个字。但朱子之所以把此章编排到了《要略》中的第一章来，除了此处论述人性层次的逻辑需要外，很重要的是这一段与程朱理学存天理灭人欲的大旨相合。所以程子说："所欲不必沉溺，只有所向便是欲。"多严格啊？是只要有一点萌芽就要剪草除根的意思。而朱子则注道："欲，如口鼻耳目四肢之欲，虽人之所不能无，然多所不节（制），未有不（因此而）失其本心者，学者所当深戒者也。"

赵岐所注：〔养〕治也。〔欲〕利欲也。"虽有少欲而亡者谓遭横暴，……然亦寡矣。""贪而不亡，蒙先人德业，……然亦少夫。"孙奭正义疏称："此章言清静寡欲，德之高者；蓄聚积实，秽行之下。廉者招福，浊者速祸，虽有不然，盖非常道，是以正路不可不由也。""荀子云'养心莫善于诚'，盖亦与此孟子同其旨也。"此章中的〔存〕字，古今释者赋其二义：其一为祸福所关的存亡之存；其二为义理天性的留存。

十四、不失赤子之心者可为君子

孟子曰："大人者，不失其赤子之心者也。"

（原文录于《孟子》七篇卷四，离娄〈下〉赤子章。）

【译文】

孟子说："那些通达者之所以成其通达，无非是拥有一颗像小孩子时代那样真诚无伪之心而已。"

【注解】

孟子在本章所讲之微言大义为，教人以真诚无伪天生向善之心而成其大，而求其通达。朱子注："大人之心，通达万变；赤子之心，则纯一无为而已。然大人之所以为大人，正以其不为物诱，而有以全其纯一无伪之本然。是以扩而充之，则无所不知，无所不能，而极其大也。"朱子此言，只可为文注而已，距人性、生活之实际太远了。

观如过江之鲫、恒河之沙、舆地之草般的芸芸众生，几人不为物诱？而何人又得保其纯一无伪之心？所以愈言无伪时节人心已愈伪；越强调真诚之时，人心已越是无诚。人一步入成年之列，就再无以言清纯如一，至诚无伪了。这正是人类的悲哀之处，也正是于社会生活中得以求生存的无奈之所在。也正由于谁也不愿意挣扎于机心重重的泥潭陷阱边缘，所以人们盛称赤子之心。就连西方人也多言，小孩子一旦生出了胡须，便不再清纯可爱了。不是说他年龄长大了，生胡子了不可爱，而是讲随着年龄的增长，那种纯一的童心便渐次消退了。

个人的成长是如此，人类社会的发展进程又何尝不是如此？在人类草昧初开自然经济的黄金时代，自无赤子之心、诚心、善心、恶心之概念。人心之复杂乃是随着社会之复杂而衍生的。而又由人心之复杂而令社会更复杂；社会之复杂又令人心愈复杂。如此不得扼制的往复恶性循环，天下便将纷乱到无可收拾之地步。所以无朝不讲忠诚无伪，无代不倡仁义首先。这也许正是孔孟之道得以逾两千年而不泯的根本原因吧。倘人人如赤子，而又何须国家？倘国家社会皆如赤子，而人心又须伪变万千？倘若人人都是君子、圣人，而又何须孔孟之言？

赵岐的《孟子注疏》在此段下注称："大人谓君。国君视民当如赤子，不失其民心之谓也。一说曰：赤子，婴儿也，少小之子，专一未变化。人能不失其赤子之心，则为真正之大人也。"孙奭在《正义》中疏称："此章言人之所爱，莫过赤子。所谓视民如子则民怀之者也。"称孟子的大人之说与老子的所谓"常德不离，复归于婴儿之意同"。

十五、君子反身而诚、强恕而近仁

孟子曰："万物皆备于我矣，反身而诚，乐莫大焉。强恕而行，求仁莫近焉。"

（原文录于《孟子》七篇卷七，尽心〈上〉万物章。）

【译文】

孟子说："天下万物之理都聚于人的灵性之中。一个人如果能在每天接触事物的时候，自己都能够先省察自身，而依万物各具之理去待人接物、做人处事，一切言行诚而不欺，实而不虚。那还有什么比这更快乐的呢？如果遇到不相合不如意之人事，也不强迫他人、难为他人，而是将心比心、推己及人，去强迫自己宽容行事，那么求得仁德之路，还有什么比这更接近的了呢？"

【注解】

本段劝人自诚强恕而行，可乐有余而仁可得。孙奭《正义》疏："以其外物为乐，则所乐在物不在于我，故为乐以小；以内为乐，则所乐在己不在物，其为乐也大。"朱子注："此章言万物之理具于吾身，体之而实，则道在我而乐有余；行之以恕，则私不容而仁可得。"

孟子的这段话，实际上讲的是"知行观"。对于今人做人处世、待人接物是很有应用价值的。"万物皆备于我"，不是供你役使、享用的。而是说天下万事万物，都有不以人的意志为转移的，各自生存的天性，运行的规则，都有待于人去认识、掌握、备知。这是"知"。知以后则须行二事：其一，"反身而诚"。要以这些道理来反省自己是否按照人之天性、物性事理去行为，是否诚而无伪，实而不虚。其二，"强恕而行"。人的内心都有人的率性，都有自己的意志，喜于从自我出发；外部事物与他人也各有各自的天性、个性、规律。当二者发生矛盾，有违自己的愿望与意志时，可以违背自己的意志，但不可拂逆人意。因为人能够改变自己的行为，但你无力去改变外物的法则规律。所以人只有按外部的法则规律去行为，学会勉强自己，宽恕他人，而能处处省察自我，严于律己。这样才能既无烦恼，又接近了仁德善良的本性。

人不仅需要有自知之明，更需要有知人、知事、知物之明；人可以拂己意，不可以拂人意、拂天性。否则便会处处遭遇反动，处逆难行而烦恼不已。这是待人处事的法则铁律。世人多所烦恼，其实无非于人我、天人之际一念之间转不开。所谓"峰回路转"，实际上是讲路随峰转。"山不转水转"，才可周流八方，通达大海。人也只有随着山形、山势的自然之势与变化去走路才走得通。以天下之大而无直路可走，是因人为后天所生，且无以让先天而在的群山为你开路啊！如果想去愚公移山，那就真的是愚不可及了。正入万山圈子里，一山放过一山拦。其实，这又有什么不好呢？就当是游山玩水、陶性怡情吧。也只有如此去"强恕"，才有"乐莫大焉"可言，否则便只有"苦海无边"了，那又何苦呢？有道是境由心造，生活有时需要有一点唯心才行。而能"由心造境"者，则为人世之大智慧者，诸君不妨一试。

〔物〕事也。〔我〕自身。〔反〕反思自身所行。〔强恕〕自我强制行忠恕。

十六、君子以道修身可左右逢源

孟子曰："君子深造之以道，欲其自得之也。自得之，则居之安；居之安，则资之深；资之深，则取之左右逢其原。故君子欲其自得之也。"

（原文录于《孟子》七篇卷四，离娄〈下〉君子章。）

【译文】

孟子说："君子若要在天道人性上的学问得以深造，就要自己去体悟，将所悟之理存于自己心中，这道理才能安居不移；只有安居不移，才会所积之资本日深，遇事才会游刃有余。按这道理去办便自会左右逢源遇本，而无穷尽窘迫。所以君子修身悟道还是要顺其自然地从自身的彻悟中去自得。"

【注解】

孟子这段是告诉人们：若要在天道人性方面有所深造，就要去遵循这天道人性之理，久而久之，便扎根在心里不可动摇，内化为自身的理念。这样就会使你受益无穷，多所借助，处事便会游刃有余，左右源原。

朱子在《孟子集注》中注：［造］为造诣；［深造］进而不已之意；［道］"其进为之方也"；［资］借；［左右］身之两旁；［逢］值；［原］源，水之来处。程子注：［自得］"学不言而自得者，乃自得也。有安排布置者，皆非自得也。然必潜心积虑，优游餍饫于其间，然后可以有得。若急迫求之，则是私己而已，终不足以得之。赵岐注［左右逢原］左右取之所逢遇皆知其原本。"

十七、君子贵心居仁而行由义

王子垫问曰:"士何事?"孟子曰:"尚志。"曰:"何谓尚志。"曰:"仁义而已矣。杀一无罪,非仁也;非其有而取之,非义也。居恶在仁是也;路恶在义是也。居仁由义,大人之事备矣。"

(原文录于《孟子》七篇卷七,尽心〈上〉王子章。)

【译文】

齐王的儿子垫问孟子:"士人是干什么的呢?"孟子回答道:"是高尚他的心志的。"垫又问道:"什么是高尚的心志呢?"孟子回答道:"就是心在仁义之处啊。杀一个无罪的人,这是不仁的;不属于他的也去拿来,这是不义的。这些事他们是不做的。那么,他们心居于何处呢,在于仁上;他们的行为之路在何处呢?在于以义行事。他们有了仁心义为这两个方面的善端，就具备了为大人之大事的根本了。"

【注解】

这位发问的王子显然还很幼稚，看到那些闲士们悠哉游哉，即不务农，也不经商，就在想他们是干什么的呢？或者在问孟子，一个士人应该做什么呢？孟子便告诉他：这些人虽不务农工商贾，但他们是在修养自身的仁义道德，他们是一伙将来能做大人大事的人。因为他们虽然还没职位官阶，但只要有仁心，走义路，就已具备条件了。而孟子之意显然是在劝导王子学仁义，至善端。

总有点强词夺理的感觉，不很舒服。但为人仁心是不可缺的；做事则是不可不行义路的。这也许就是今人所言之品、行兼优吧！

朱子注："上则公卿大夫，下则农工商贾，皆有所事；而士居其间，独无所事，故王子问之也。"［尚志］尚：高尚也；志者，心之所之也；［大人］为公卿大夫。

此段所费解的是"居恶在仁是也；路恶在义是也"句。今人有句读为"居恶在？仁是也。路恶在？义是也。"如此似觉读得通，但古人孙奭的《孟子注疏》称："如此非仁非义者，亦以所居有恶疾在于仁，所行有恶疾在于义是也。"显然与朱子的注解有所不同。现录于此，供读者参考。

十八、君子异于人在知忧无患

孟子曰："君子所以异于人者，以其存心也。君子以仁存心，以礼存心。仁者爱人，有礼者敬人。爱人者，人恒爱之；敬人者，人恒敬之。

"有人于此，其待我以横逆。则君子必自反也：我必不仁也，必无礼也，此物奚宜至哉？其自反而仁矣，自反而有礼矣，其横逆由是也。君子必自反也：我必不忠。自反而忠矣，其横逆由是也。君子曰：'此亦妄人也已矣！如此则与禽兽奚择哉？于禽兽又何难焉？'是故君子有终身之忧，无一朝之患也。

"乃若所忧则有之，舜人也，我亦人也。舜为法于天下，可传于后世，我由未免为乡人也，是则可忧也。忧之如何？如舜而已矣。若夫君子所患则亡矣。非仁无为也，非礼无行也。如有一朝之患，则君子不患矣。"

（原文录于《孟子》七篇卷四，离娄〈下〉君子章。）

孟子说："君子与常人的不同处，在于他存善于心。君子以仁存于心，以礼存于心。他懂得仁并以仁爱之心待人，懂得礼并以礼待人，尊敬他人。所以，凡以仁爱待人者，别人自然常以仁爱之心待你；礼敬他人者，他人也自然常礼敬于你。

"如果有人在这里，他待我以横暴无礼，那么君子之人一定会去反思自己，一定是自己待人不仁，一定是自己对人不敬，否则这样的事怎么会临到我的头上呢？而自己虽然自省后对他很礼敬了，但他仍旧和以前一样无道无礼，君子之人一定会进一步反省自己，肯定是自己没做到诚心尽意。自我反省后进一步诚心诚意地去善待他，他仍旧横暴无礼，君子也没必要和他计较，只是说：'这不过是一个狂妄的人罢了，这种人与禽兽有什么分别呢？我为什么要去和禽兽去计较呢？'所以君子只有对终身大计的忧虑，而没有随时而来的祸患烦恼。

"如果说他还有所忧，那就是忧自己不如圣人。舜是人，我也是人。舜可以成为天下效法的榜样，并流传后世，而我不过如乡下的平常人而已。这就是君子所忧虑的。那么忧虑又该怎样呢？还是去学舜的仁善吧。这样就会和君子一样，那些小烦恼与祸患自然也就不存在了。不仁义的事不去做，缺少礼敬的事不去为。即使有那些随时而来的不如意的事，君子也自然不会计较了。"

【注解】

此段是孟子教人以仁善为做人之根本，以礼敬为待人之道理，自然会受到他人的同等礼遇。如果能够长远地（终身）忧虑于做人的根本，像舜那样去行为，自然便少去许多随时（一朝）而来的祸患与烦恼。

朱子注：［横逆］强暴不顺理；［物］事；［忠］尽己；［奚择］何异；［又何难］不足与较；［乡人］乡里常人。

十九、君子凡事不遂都去反省自己

孟子曰："爱人不亲反其仁；治人不治反其智；礼人不答，反其敬。行有不得者，皆反求诸己。其身正，而天下归之。诗云：'永言配命，自求多福。'"

（原文录于《孟子》七篇卷四，离娄〈下〉爱人章。）

【译文】

孟子说："自己以爱心待人，而人不与己亲近，那就应该反思自己是否真的做到了仁善的程度；治人而不服治，就该反思自己做的是否智慧不够、艺术不到；以礼待人而人不还以礼，就该反思自己是否敬人。凡是自己做了而达不到预期的效果时，都应该反躬自省不足。自身正，天下人自会归心于你。诗经上说'说出话来常合天理，自会寻求到多福'。"

【注解】

　　孟子在这里主要教人待人处事之道，凡不如己意处都要先从自身上找毛病、找不足。正身做到位了，自身正了，自然天下归心，自得多福。

　　朱子注［不得］谓不得其所欲；［反求诸己］谓反其仁、反其智、反其敬也。要从自身找不足之处。

二十、君子之道有二：
守善心、行仁义而已

孟子曰："无为其所不为，无欲其所不欲。如此而已矣。"

（原文录于《孟子》七篇卷七，尽心〈上〉无为章。）

【译文】

孟子说："不要去做那些有违于良知的事，不要去满足那些不符合仁善本性的欲念。能做到如此这样，就足以符合人道了。"

【注解】

一般认为这一段是劝勉人维持羞恶之心，不断扩充人的性善本性的话。但后人注家之义稍有不同。其一，认为这是个人自我节制的事。如朱子注称："李氏曰：'有所不为不欲，人皆有是心也。至于私意一萌，而不能以礼义制之，则为所不为，欲所不欲者多矣。能反是心，则所谓扩充其羞恶之心者，而义不可胜用矣，故曰如此而已矣。'"今人也有译为不要做自己不想做的事，不要希望得到自己不想得到的东西。其二，认为这是教人己所不欲，勿施于人的。如赵岐注称："无使人为己所不欲为者，无使人欲己之所不欲者，每以身先之，如此则人道足也。"○孙奭疏称："此章言己所不欲，勿施于人，仲尼之道也。孟子言人无为其所不为，以其所不为者不义也；无欲其所不欲者，以其不欲为不善也。人能无为不义，又不欲其所不善，则人道于是足矣。故曰如此也。"无论后人如何注译，但孟子在这里教人守善良之本性，行仁义之事的主旨是无异义的。

二十一、天下事成于专、恒两字

孟子曰："无或乎王之不智也！虽有天下易生之物也，一日暴之，十日寒之，未有能生者也。吾见亦罕矣。吾退而寒之者至矣；吾如有萌焉，何哉？

"今夫弈之为数，小数也。不专心致志，则不得也。弈秋，通国之善弈者也。使弈秋诲二人弈，其一人专心致志，惟弈秋之为听；一人虽听之，一心以为有鸿鹄将至，思援弓缴而射之。虽与之俱学，弗若之矣。为是，其智弗若与？曰，非然也。"

（原文录于《孟子》七篇卷六，告子〈上〉无或章。）

【译文】

孟子说："不要怀疑大王的智慧不够。虽然有天底下最容易生长的植物，可是晒它一天，冻它十天，那它也无法生长。

我和大王相见的时候是很少的，虽然我是以'温'辅佐大王的，但我一离开，那些'寒'的奸臣小人们就围上来向大王进谗言，出不仁义的主意。我虽有'一暴'之温，又怎禁得这'十寒'呢？我虽然很想让齐王萌生善心行仁政，但又有什么办法呢？做不到啊，这为什么呢？

"现在我们以学下棋为例子吧：棋艺虽然是小技一桩，但却不是三心二意者所能学到的。有一个叫做秋的棋人，当称是国手，让他教两个人棋艺。其中的一个人专心致志决不旁骛地听秋师的讲授；另一个人虽然样子也像在听讲，但却在一门心思地想着天上该有鸿雁、天鹅飞来了吧，总想着拿弓箭去射雁。虽然他与第一个人同学于秋，但棋艺却总比不上那个人。是因为他的智力不如那个人吗？不是的，而是他用心不专的缘故。"

【注解】

本段是孟子的一篇"明心录"：齐国不行仁政，有人说是齐王的智力不足，是因为孟子离开齐国，不辅佐他的缘故。所以孟子讲了这番话。一以自白，一以劝人专心于事。孟子虽然以小技之得失而喻大道之存亡，但却对人的成功成事很有启示意义。西方现代心理学也认为，人的专注力可以弥补人的智力之不足。天下事成者不只须有智慧。再聪明的人如不肯专心致力于一事，不持之以恒，而是一暴十寒，三天打鱼，两天晒网，也是不行的，就是小事也是办不成的。天下事自成于专、恒二字，当为不谬之定理。而以多寡论正不胜邪，则不尽然，而凡涉人性本能之欲求，则常常有众不敌寡之时。

朱子注：〔或〕与惑同，疑怪也；〔王〕疑指齐王；〔暴〕温之也。我见王之时少，犹一日暴之也；我退则谄谀杂进之日多，是十日寒之也。虽有萌蘖之生，我亦安能如之何哉？〔弈〕围棋也；〔数〕技也；〔弈秋〕善弈者名秋。并引程子语称："程子为讲官，言于上曰：'人主一日之间，接贤士大夫时多，亲宦官宫妾之时少，则可以涵养气质，而熏陶德性。'时不能用，时者恨之。范氏曰：'人君之心，惟在所养。君子养之以善则智，小人养之以恶则愚。然贤人易疏，小人亦亲，是以寡不能胜众，正不能胜邪。自古国家治日常少，而乱日常多，盖以此也。'"

观范氏之言，可为大道至理，但"贤人易疏，小人易亲"并非由寡众而定，亦非正不胜邪。从古至今，君子干不过小人，国法抵不住"枕头风"，无非人心不古，所私者多。小人、夫人所言，多迎合人心之本能所欲求，而常人多以本能的支配力为主人，这正是邪可胜正，众不抵寡，一言可兴邦，一人可亡国，直令英雄气短、壮士扼腕的根本之所在。

二十二、五谷不熟，不如草稗

孟子曰："五谷者，种之美者也。苟为不熟，不如荑稗。夫仁亦在乎熟之而已矣！"

（原文录于《孟子》七篇卷六，告子〈上〉五谷章。）

【译文】

孟子说："五谷的果实是很美的，但如果籽粒不熟，它的味道反不如草稗之籽实。而仁心的力量也是同样，不在于它的种籽好，更在于它是否达到了成熟的程度。"

【注解】

本段在七篇中是承接前一段仁之章的，旨在进一步阐明杯水难救车薪之火，并不等于水不能胜火。由此而劝勉人修仁养善要到家，行仁履义要到位。也就是程朱所讲的一个"熟"字之本意。

朱子注：［莨稗］音"蹄败"，"草之似谷者，其实亦可食，然不能如五谷之美也。但五谷不熟，则反不如莨稗之熟。犹为仁而不熟，则反不如他道之有成。"

二十三、自暴者不可救，无耻者必遭辱

孟子曰："自暴者，不可与有言也；自弃者，不可与有为也。言非礼义，谓之自暴也；吾身不能居仁由义，谓之自弃也。仁，人之安宅也；义，人之正路也。旷安宅而弗居，舍正路而不由，哀哉！"

（原文录于《孟子》七篇卷四，离娄〈上〉自暴章。）

孟子曰："人不可以无耻，无耻之耻，无耻矣！"

（原文录于《孟子》七篇卷七，尽心〈上〉无耻章。）

【译文】

孟子说："自己害自己的人，不可与之言善；自己放弃自己的人，不可与他共图仁义之事。说话不讲礼义而攻击诋毁礼义的，称之为'自暴'；自身不能居仁善之地而由此行义者，称之为‘自弃’。所谓仁善，是人的安身立命之所；所谓义，是人之行为的正道。如果一个人把可以安居的住所空起来而不住，舍弃正路而不走，是很悲哀的啊。"

孟子说："一个人不可以没有善恶羞耻之心。没有耻感的可耻，可以称为无耻了，没有什么羞耻比这更大的了。"

【注解】

这两章孟子是在讲：做人不居于仁善之地，做事、行为不依义理而行的人就是自己害自己、放弃自己。这种人是不可救药的了。而天底下最大的羞耻就是没有羞耻之心，不知亦不以丑、恶为耻。

朱子注：〔暴〕犹害也；〔非〕犹毁也。○程子说："惟自暴者拒之以不信，自弃者绝之以不为，虽圣人与居，不能化而入也。此所谓下愚之不移也。"

朱子在他章注称："耻者，吾所固有羞恶之心。存之则进于圣贤，失之则入于禽兽，故所系为甚大。"○赵岐注称："人能耻己之无所耻，是能改行从善之人，终身无复有耻辱之累矣。"

时过境迁，孟子身后已历两千余年，但人性的劣根性有多大改变呢？自暴者、自弃者、无耻者，屡增无已时。而且物质文明越发达，无耻之作为便越加厉而司空见惯。这也许是人类文明进程中的永恒两难命题吧！

二十四、自侮者人必侮之，自毁者人必毁之

孟子曰："不仁者可与言哉？安其危，而利其菑，乐其所以亡者，不仁而可与言，则何亡国败家之有？

"有孺子歌曰：'沧浪之水清兮，可以濯我缨；沧浪之水浊兮，可以濯我足。'孔子曰：'小子听之，清斯濯缨，浊斯濯足矣，自取之也。'夫人必自侮，然后人侮之；家必自毁，而后人毁之；国必自伐，而后人伐之。《太甲》曰：'天作孽，犹可违；自作孽，不可活。'此之谓也。"

（原文录于《孟子》七篇卷四，离娄〈上〉不仁章。）

❀

【译文】

孟子说："不仁义的人，怎么可以与他讲仁道呢？这种人以危为安，以害为利，喜闻亡国之音言。这种不仁的人如果还

可以与他讲仁善之道，那怎么还会有亡国败家的了呢？

"曾有小孩子唱道：'沧浪的水是清的啊，可以取来洗我的冠缨；沧浪的水是浑的啊，可以取来洗我的脚。'孔子为此对他的学生说：'你们听好了他唱的歌：人们用清水来洗高贵的冠缨，而浊水只能用来洗臭脚。人们如此用水，不是对水不公道，而是由于水自身的不同。清水浊水的命运都是自取的啊！'所以人必定是自己先不尊重自己，然后别人才去侮辱他；一个家必定是家人先自败家，然后别人才来毁坏他；国家必定是先自内烂内战，然后别国才来攻伐他。书经的《太甲》篇中说：'天灾尚可挽，自造的罪孽则不可活。'讲的就是这个道理啊！"

【注解】

曾国藩说朱子以此章来做《孟子要略》第一篇卷首章的结尾，似有不类之觉。其实无非以此段总结以上有关人性善各段的大旨要义：人的穷达、贵贱、祸福、尊卑，都是由人自取的。能守善行仁义的自有好结果，反其道而行之的，必无好下场好结局。孟子所论之一切无非是修身、齐家、治国、平天下，都要以善德为根本，从修身治心、自省、自觉去做起，才会达到修、齐、治、平的目的。所以朱子在他的《孟子章句集注》中注此段称："此章言心存（仁善）则有以审夫得失之几，不存仁善则无以辨于存亡之著。祸福之来，皆其自取。"

赵岐注称："孺子，童子也；小子，孔子弟子也。清浊

所用，尊卑若此，自取之。喻人善恶见尊贱乃如此。"○孙
奭疏称："缨之在上，人之所贵"，"足之在下，人之所
贱"；是以濯缨之清水为贵，濯足之浊水为贱；"贵贱人
所自取之也。"

二十五、不学而能为良能，
不虑而知为良知

　　孟子曰："人之所不学而能者，其良能也；所不虑而知者，其良知也。孩提之童，无不知爱其亲也。及其长也，无不知敬其兄也。亲亲，仁也；敬长，义也；无他，达之天下也。"

　　（原文录于《孟子》七篇卷七，尽心〈上〉良能章。）

【译文】

　　孟子说："人没有通过学习就能够做到的能力，这是天赋的良能；不用经过思考就知道的道理，这是天赋的良知。所以小孩子从小即使没人教，也没有不知道爱父母的；到了他长大时，没有不知道尊敬兄长的。知道亲爱父母的是一种仁根；尊敬兄长是一种义本。这并没有别的原因，无非是人之善心仁义之本性通行天下罢了。"

【注解】

　　朱子把孟子论孝悌的各章归集为一卷，而以此段为起点，是很有道理的。人的孝悌之心是与生俱来的本能。爱父母为孝，敬兄长为悌，这是人的本性、本能。惟本性可不变，惟本能可恒久。不学而能为良能，不虑而知为良知。良能为人生存的基本能力，良知则是人之所以为人的底线，是不可逾越的。而孝悌无疑是良知的产物，所以亦是做人的根本。这是孟子论孝悌的逻辑起点。以下各章逐层深入论述，教人以孝悌之道。

　　朱子注："良者，本然之善也。"〔孩提〕二三岁之间，知孩笑，可提抱者。"亲亲敬长，虽一人之私，然达知天下无不同者，所以为仁义也。"○程子称："良知良能，皆无所由；乃出于天，不系于人。"

二十六、事亲为万事之本，养亲以顺者为孝

孟子曰："事孰为大？事亲为大。守孰为大？守身为大。不失其身，而能事其亲者，吾闻之矣。失其身，而能事其亲者，吾未闻也。孰不为事？事亲，事之本也。孰不为守？守身，守之本也。

"曾子养曾皙，必有酒肉，将撤，必请所与。问有余，必曰有。曾皙死，曾元养曾子，必有酒肉，将撤，不请所与。问有余，曰亡矣，将以复进也。此所谓养口体者也，若曾子则可谓养志也。事亲，若曾子者可也。"

（原文录于《孟子》七篇卷四，离娄〈上〉事孰章。）

❖

【译文】

孟子说："天下的事什么是最大的呢？以事奉父母双亲为

最大。要保护的以什么为最大的呢？以保护自身仁义名节为最大。不损害自己的名节身心，而能很好地奉养双亲的，我听说过。而不仁义有失道德之人，能够很好地事奉双亲的，我没听说过。谁不希望有人侍奉呢？但是天底下服事双亲，才是万事之根本。哪一件事不应受保护呢？但保护好身体才是保护其他的根本。

"曾子奉养他的父亲曾皙时，每餐必开小灶，有酒有肉。要撤席时，一定问他父亲，余下的还要给哪个人吃？父亲问他还有剩余的吗？曾子一定回答说还有。曾皙去世后，曾元奉养曾子，也一样每餐小灶必有酒肉，但在撤席时从不问还要给谁吃。就是曾子问还有剩余的吗？也一定说没有了，其实是准备留给曾子下餐再用。这种方式无非是奉养老人的口体而已，像曾子那样顺着老人的意思办，才是真正的孝者，可以称之为'养志'吧。事奉自己的双亲，还是像曾子那样的方式更好啊。"

【注解】

本章讲二意：其一，天下万事，以服事双亲为大；为事双亲，先守其身，方可尽孝道。其二，赡养老人顺者为孝，重于衣食。

朱子注：〔守身〕"持守其身，使不陷于不义。一失其身，则亏体辱亲，虽日用三牲之养，亦不足以为孝矣。"

二十七、君子之孝当去"五欲"存"五思"

万章问曰:"舜往于田,号泣于旻天。何为其号泣也?"

孟子曰:"怨慕也。"万章曰:"父母爱之,喜而不忘;父母恶之,劳而不怨;然则舜怨乎?"

曰:"长息问于公明高曰:'舜往于田,则吾既得闻命矣。号泣于旻天,于父母,则吾不知也。'公明高曰:'是非尔所知也。'夫公明高以孝子之心,为不若是恝,我竭力耕田,共为子职而已矣。父母之不我爱,于我何哉?帝使其子九男二女,百官、牛羊、仓廪备,以事舜于畎亩之中。天下之士多就之者,帝将胥天下而迁之焉。为不顺于父母,如穷人无所归。

"天下之士悦之,人之所欲也,而不足以解忧;好色,人之所欲,妻帝之二女,而不足以解忧;富,人之所欲，富有天下，而不足以解忧；贵，人之所欲，贵为天子，而不足以解忧；人悦之好色富贵，无足以解忧者，惟顺于父母，可以解忧。

"人少，则慕父母；知好色，则慕少艾；有妻子，则慕妻子；仕则慕君，不得于君，则热中。大孝，终身慕父母。五十而慕者，予于大舜见之矣。"

（原文录于《孟子》七篇卷五，万章〈上〉舜往章。）

【译文】

万章向他的老师孟子问道："当初舜在历山下耕田，呼天号泣，为什么会如此痛哭呢？"

孟子回答道："他的心里幽怨自己，向往能得到父母的欢心。"万章又说道："父母爱儿子，儿子自当乐而不忘；父母不喜欢他，做儿女的也只能任劳而不抱怨。但是，舜耕而号天是不是在抱怨呢？"

孟子回答道："长息这个人从前也曾问他的老师公明高说：'舜去历山耕田的事，我已听老师讲过了，可是他呼天而泣唤父母的情形，我就不知道是为什么了。'公明高说：'这却不是你能懂得的了。'显然公明高认为，孝子的内心所存，绝不会有如此愁苦抱怨。他只会想我努力种田是了，尽到为人子的职责而已。父母如果还不爱我，那就不是由于我的过错了，我还有什么办法呢？舜的孝行渐渐传到尧帝的耳中，便派自己的九个儿子去帮他，把两个女儿嫁给他，并为他派了百官供他支配，备好了牛羊、粮食仓库，供他在历山田耕时使用。天下的读书人也都慕名而来追随他。于是，尧帝准备把帝位让给他，让他来治理天下。对常人而言，这是天大的好事，可是舜由于得不到父母的欢心，仍旧像一个穷迫到无家可归的人那般不开心。

"受到天下士人学子的敬服，这是人人所欲的，但并不能使舜解忧忘怀；美色，也是人之所欲，可是即使皇帝的两个女儿已经嫁给了他，仍不能使舜快乐起来；财富，是人之所欲，就是富有天下之财宝，也不能让舜高兴；尊贵，也是人之所欲，但贵为天子也仍无法使舜除去心中的不快。众人归心、美女入怀、富有天下、贵为帝王，这些都不足以除却舜心中的积郁，只有得以孝顺父母，得父母之欢心，才可以使他解忧开怀。

"一般的常人在少年时，爱慕父母；长大了懂得了男女之情，便去转而追慕少女；娶妻生子后，便把爱父母的心思转到了爱妻子；当官后便去想得到皇帝的宠爱，如果得不到，心中便急的不行。而大孝之人，却是终身爱慕孝顺父母的。到了五十岁的年纪，还孝顺爱慕父母的，我只在舜的身上见到了。"

【注解】

本章主要讲舜的孝行之大、之高、之专、之唯一。对父母之情，名不可夺，色不可移，爱不可代，富不可动，贵不可抵，确非常人所能及，而确为常人之当思。父母之情高于天阔于地，本无可逾；父母之恩重于山而深于海，本无可报。天下人子是以当做此五思：名、色、爱、富、贵之时，是否有欠父母，有忘父母。所以朱子注"此章言舜不以得众人之所欲为己乐，而以不顺乎父母之心为己忧。非圣人之尽性，其孰能之？"

〔旻天〕朱子注："仁覆悯下，谓之旻天。号泣于旻天，呼天而泣。"古人亦有苦极呼天，痛极呼母之说。舜耕历山时，既呼天又唤母，当为内心苦极痛极之时。〔怨慕〕朱子注："怨己之不得其亲（父母）而思慕也。"〔忿jiá〕音夹。无忧愁，淡然，不在意。〔长息〕公明高弟子。〔公明高〕曾子的学生。〔胥〕相视。〔迁之〕移与。

二十八、君子之德在人以伪来，我以诚往

万章问曰："诗云：'娶妻如之何，必告父母。'信斯言也，宜莫如舜。舜之不告而娶，何也？"

孟子曰："告则不得娶。男女居室，人之大伦也。如告，则废人之大伦，以怼父母，是以不告也。"

万章曰："舜之不告而娶，则吾既得闻命矣；帝之妻舜而不告，何也？"曰："帝亦知告焉，则不得妻也。"

万章曰："父母使舜完廪，捐阶，瞽瞍焚廪。使浚井，出，从而掩之。象曰：'谟盖都君，咸我绩，牛羊父母，仓廪父母；干戈朕，琴朕，弤朕，二嫂使治朕栖。'象往入舜宫，舜在床琴。象曰：'郁陶思君尔！'忸怩。舜曰：'惟兹臣庶，汝其于予治。'不识舜不知象之将杀己与？"

曰："奚而不知也？象忧亦忧，象喜亦喜。"曰："然则舜伪喜者与？"曰："否。昔者有馈生鱼于郑子产，子产使校人畜之池。校人烹之，反命曰：'始舍之，圉圉焉。少则洋洋焉，攸然而逝。'子产曰：'得其所哉！得其所哉！'校人出，曰：'孰谓子产智？予既烹而食之。'曰'得其所哉！得其所哉！'故君子可欺以其方，难罔以非其道。彼以爱兄之道来，故诚信而喜之，奚伪焉？"

（原文录于《孟子》七篇卷五，万章〈上〉娶妻章。）

━━━━━━ ❈ ━━━━━━

【译文】

　　万章问孟子道："诗经上说：'娶妻怎么样，一定要告诉父母。'这种说法是很可信守的礼法。按理说这最适合于舜来照办了。可是舜娶尧之二女为妻，并没有征求父母的意见，这是什么原因呢？"

　　孟子回答道："告诉了就娶不成了。男女成婚，乃是人伦之大者，如果由于告诉了而无以成婚，则有伤人伦，反成了父母的怨恨。所以便不告诉了。"

　　万章又问道："舜的不告而娶的事，我听老师讲过了。可是尧帝把女儿嫁给舜也不告诉他的父母，为什么呢？"孟子回答道："尧帝也知道告诉了他父母，舜便不得娶二女为妻了。"

万章说："舜的父母让他去修补仓房，可是舜到了屋顶，他们便撤了梯子。他的父亲瞽瞍又在下面放火烧仓，亏得舜双手张开斗笠跳了下来。父母又让他去淘井，把井泥挖出来，他们却把井盖上，想把舜弄死，亏得舜挖透井壁逃了出来。他的弟弟象以为舜早死了，便说：'谋划把舜掩死是我的功劳。现在把牛羊、粮仓都归父母，武器归我，琴与雕弓也归我。二个嫂子让她们帮我打理床铺。'可是，当象得意地进入舜的住处时，却发现舜正坐在床上弹琴呢。象马上说：'很郁闷啊，正想哥哥呢。'嘴上如此说着，却很不自然。舜便接口说道：'我正面对百官人众忙不过来呢，你可以帮助我来治理啊。'不知道舜此时是否知道象要杀他呢？"

孟子回答道："怎么能不知道呢？不过舜是孝悌之人，所以能以自己弟弟的忧乐，为自己的忧乐，而不去说破而已。"

万章又问道："既然如此，那么舜当时一定是伪装成高兴的了吧？"孟子回答道："不是的。从前有人送给郑国的首相子产几条活鱼，子产便派管理水池的人把鱼放到池子里养起来。可是那人却把鱼烹吃了，并跑到子产那里汇报：'鱼放进水里一开始还不太舒展，过一会儿就很自由地游开了，又过一会儿，便游远了，看不见了。'子产听说后便高兴地说道：'这鱼得到了它合适的地方，这鱼得到了它合适的地方。'那个人从子产那儿出来后便说：'谁说子产聪明呢？我把鱼烧吃了，他却说得其所哉、得其所哉。'因而，君子可以在表面上的情理之言欺骗他，却不可以用不善的道理去蒙蔽他。象虽然不是真心地想念他的哥哥，但他是以爱兄之道的理由来的，所以舜以诚迎伪，就相信他是真的，而且心里也很高兴，怎么能说这是伪喜呢？"

【注解】

本章主要讲舜在家庭不睦、你争我斗，自己受歧视、虐害的情况下，仍然能够从人性善出发，坚守孝悌之道而不改变，正所谓非常人自有非常处。尤其对其弟，以弟之忧喜为忧喜，弟以伪来，我亦以诚待，以信往，终使家和人亲。足当引为家庭人伦之法度。

〔怼〕音对。朱子注："仇怨也。"〔阶〕朱子注："梯也。"〔弤〕音底。雕花弓。〔朕〕音阵。第一人称代词——我。〔郁陶〕朱子注："思之甚而气不得伸也。"〔都君〕时人对舜的别称。舜执政三年，所在地变为都城，因称之为"都君"。因此时尧仍在帝位。〔校人〕管理池塘小吏。〔圉圉〕音玉。局促不舒展的样子。〔罔〕朱子注："蒙蔽也。"〔欺以其方〕朱子注："谓诳之以理之所有。""方，亦道也。"

本段开头说：舜要是告诉了父母，就无以成婚，反让父母怨恨。怨恨什么呢？其一，皇帝赐婚，不以父母意志为转移，父母自是徒增怨恨；其二，不孝有三，无后为大。不能成婚便无以传宗接代，父母会更不喜欢了。

二十九、君子以亲亲之心去待人接物

孟子曰：“君子之于物也，爱之而弗仁。于民也，仁之而弗亲。亲亲而仁民；仁民而爱物。”

（原文录于《孟子》七篇卷七，尽心〈上〉君子章。）

【译文】

孟子说：“君子对于万物，虽然喜爱，但未必施以仁。对于百姓民众虽当是一片仁善之心，但不如对自己亲人一样亲近。君子的接物待人之道是：从最亲近的人亲近他们，由此而扩推到百姓众人；然后再把亲爱百姓的仁心扩充推广去博爱万物。”

【注解】

本章很有一点绿色环保意识，故人以待亲之心去待人；以待人之心，去博爱万物。但儒家后学之人有仅注为君子用情施恩有所区别顺序的，既有局限，又非孟子之本意。孟子的本意无非仍是在讲他人性善的扩充之道，推己及人，推人及物，都要待之以仁善之心。

那么为什么讲"于物爱而不仁"呢？因为万物为人所用，如食用、如祭祀牺牲等，是不可避免的。那又为什么讲推人及物，要"亲亲而仁民而爱物"呢？不亲爱自己的亲人为不仁之大，不以仁待民为不义为自私，不以仁爱之心待万物，万物则终有尽时，而人之生存何以为依托？

朱子注：〔物〕"谓禽兽草木。"〔爱〕"谓取之有时，用之有节。"○赵岐注称："物，谓凡物可以养人者也，当爱育之而不加之仁。若牺牲不得不杀也。"〔亲亲〕亲爱自己的亲人。

就家庭伦理而言，世间真情无高于亲子、子亲之情的，其高在真诚无伪。而能以此等真诚之情去待人，那么这个世界就真的会如同一家人一样。如果能以此等爱心去对待万物，那么人与自然自会共生共长、生生不息。人与人、人与物之间，都少不得一种亲爱之心、爱惜之心、善良之心。而这一切似乎仍须从"亲亲"做起。如果一个人连他最亲的亲人都不爱，他还会爱别人吗？如果连自己的同类都不爱，他还会爱他物吗？

三十、薄于亲者怎会厚于他人

孟子曰："于不可已而已者，无所不已；于所厚者薄，无所不薄也；其进锐者其退速。"

（原文录于《孟子》七篇卷七，尽心〈上〉于不章。）

【译文】

孟子说："对于那种万不可以中止的事，你如果都让它中止了，那么天下就没有什事不可以中途而废了。而对于你本应该以礼厚待的人，都很失礼浇薄，那么就没有什么可以不去薄待的了。天下事凡是推进过快的，那么他的后退下来也一定会很快。"

【注解】

本章是在教人以一种方法论。凡事无论是做得不到位，还是做得太过了，结果都会适得其反。如朱子所注称："三者之弊，理势必然，虽'过'、'不及'之不同，然卒同归于废弛。"

朱子所称"三者"：其一，做事必做的，无论如何艰难困苦，必有克服之心，不可中途而废，否则一切皆废；其二，待人必得合礼节，礼尚往来，当厚不厚，必致一切皆薄；其三，凡事厚积薄发，不图速功，否则不但欲速则不达，甚而还会出现一落千丈的后果。而其中对于成事而言最有用的是"克服之心"与"厚积薄发"。做事无克服之心者，无以成事，更无以成大事，凡大事好事要事都是难度大的，必得克服之心方可成就。十分热发一分光，自然雪亮；半桶水却要淌得快，必然行之不远。唯厚积薄发者，才见得根底扎实，方可立于不败不退。居善、行仁义、履孝悌之道，概莫如此。这也许正是朱子把这段做为《要略》孝悌卷的尾章的真实用意吧。

三十一、君子何必言利，
利心生于物我之私

　　孟子见梁惠王。王曰："叟！不远千里而来，亦将有以利吾国乎？"

　　孟子对曰："王何必曰利？亦有仁义而已矣。王曰何以利吾国，大夫曰何以利吾家，士庶人曰何以利吾身，上下交征利，而国危矣。万乘之国，弑其君者，必千乘之家；千乘之国，弑其君者，必百乘之家。万取千焉，千取百焉，不为不多矣。苟为后义而先利，不夺不餍。未有仁而遗其亲者也，未有义而后其君者也。王亦曰仁义而已矣，何必曰利。"

　　（原文录于《孟子》七篇卷一，梁惠王〈上〉首章。）

───────── ❖ ─────────

【译文】

　　孟子去见梁惠王。惠王问孟子道："老人家不远千里而来，一定也有利于我国强盛的办法吧？"

孟子回答道："大王何必谈利呢？一个国家有仁义二字也就足够了啊！在一个国家，如果君王说怎样利我国，大夫说怎样利我家，士子百姓说怎样利我自己，上上下下都在交取其利，那国家就危险了。有万乘战车的大国，弑君者，必是他部下拥有千乘战车的公卿；千乘之国的弑君者，必是他部下拥有百乘战车的大夫。臣取君利，君万而臣取其千，君千而臣取其百，不能说不够多啊。可是如果人人都把义字放到后面，而把争权夺利放在前面，那就会变成贪得无厌，有一刻不去争夺都不满足了。但是却从未有讲仁善的人，会为利而抛弃他的父母；也没有讲义理的臣下，会在危急中见利忘义而把君主扔在后面的。大王你也只要讲仁义就够了，何必言利在先呢。"

【注解】

本章是《孟子》七篇卷一的开篇首章，足见孟子学派对义利观的重视程度。梁惠王是魏国的第三代君主，公元前369~319年在位，以大梁（今河南开封）为都城，公元前334年称王。后来，被齐、秦、楚三国打败，梁惠王不惜重金，派人四处搜罗征聘贤才，一心想强兵复仇。孟子就是在这时来见惠王的。尽管孟子所讲的道理是治国的根本大道，但远水不解近渴，梁惠王要的是能帮他打胜仗的人和办法。所以孟子的道理不但不被接受，反而被认为是高谈阔论，不解决实际问题。

［叟］对老人的称谓。但至少不是对上宾的尊称。梁惠王

一见面就称之为"叟"，显然并没太看得起孟子，听了他的言论，就更疏远他了。所谓道不同不相为谋者。［士庶人］学子与百姓。［餍］音厌。满足。"不夺不餍"就是不去争夺就不满足。［上下交征利］在上者与下争利，在下者分上之肥。［万乘之国］拥有一万辆战车的大国，君主拥千里之地，万乘之车，称天子；"千乘之国"，为诸侯国，王者拥有百里之地，千乘之车；"千乘之家"，为天子的公卿，有地百里，车千辆；"百乘之家"，为诸侯国的大夫。有百辆车马。［弑］音试。以下杀上称弑。

朱子注称："此章言仁义根于人心之固有，天理之公也。利心生于物我之相形，人欲之私也。循天理，则不求利而自无不利；徇人欲，则求利未得而害已随之。所谓毫厘之差、千里之谬。此孟子之书所以造端托始之深意，学者所宜精察而明辨也。"

三十二、君子合于义可舍生取义，可避死就生

孟子曰："鱼，我所欲也；熊掌，亦我所欲也。二者不可得兼，舍鱼而取熊掌者也。生，亦我所欲也；义亦我所欲也。二者不可得兼，舍生而取义者也。生亦我所欲，所欲有甚于生者，故不为苟得也。死亦我所恶，所恶有甚于死者，故患有所不辟也。如使人之所欲，莫甚于生，则凡可以得生者，何不用也？使人之所恶，莫甚于死者，则凡可以辟患者，何不为也？由是则生而有不用也；由是则可以辟患而有不为也。是故所欲有甚于生者，所恶有甚于死者，非独贤者有是心也；人皆有之，贤者能勿丧耳。

"一箪食，一豆羹，得之则生，弗得则死。嘑尔而与之，行道之人弗受；蹴尔而与之，乞人不屑也。万钟则不辨礼义而受之，万钟于我何加焉？为宫室之美，妻妾之

奉，所识穷乏者得我与？

　　"乡为身死而不受，今为宫室之美为之；乡为身死而不受，今为妻妾之奉为之；乡为身死而不受，今为所识穷乏者得我而为之，是亦不可以已乎？此谓之失其本心。"

　　　　　　（原文录自《孟子》七篇卷六，告子〈上〉鱼我章。）

【译文】

　　孟子说："鱼，是我想得到的；熊掌，也是我所想得到的。如果二者不可同时都得到，我宁可放弃鱼而取熊掌。生存是我希望的，义也是我要坚守的。如果二者不可同时兼得，那我宁肯舍弃生存而取义行。生存虽然是我所想要的，但如果要坚守的有比生存更重要的，那我不会贪生苟活；死也是我所不愿的，但我所不愿的如果有更甚于死的，那么遇到祸患灾难时我不会躲避的。如果在人的希望中，没有比生存更重要的，那么凡是可以生存下来的办法，为什么不尽用呢？如果人所不愿的没有比死更难以忍受的，那么凡是可以躲避灾祸的努力，为什么尽管不去做呢？也正为此，有生的办法而不用，有可以避祸的办法而不去做，是因为人所想要的有比生存更重要的，人所不愿的有超过了死的。这并不单单是贤者有这种心态，而是人人都有此心。贤人之所以贤，不过是他能坚守住而不丧失罢了。

"一竹箩饭、一碗豆汤，虽然得食而生，不得食而死。但如果是很不尊敬地呼喝咄啐着你来而给他，就是路人也不肯接受的；如果用脚来踢着（饭筐或讨饭的人），那就是讨饭的也会不屑一顾的。如果有了可得俸禄万钟的品级的官职，不分辨一下是否合于礼义就接受了，那么这万钟的俸禄对于自身的益处有什么增加呢？难道只为了可以建造美的宫室，可妻妾侍奉，可以让所认识的穷朋友得到自己的帮助吗？

"从前宁可舍弃生存也不愿做的，现在为了建一个美屋就做了；从前宁可舍弃生存而不肯接受的，现在为了有妻妾的侍奉就接受了；从前宁可舍弃生存而不肯为之的，现在为了有助于穷朋友而为之了。这难道不可以不这样去做吗？这样做可以说是有失羞恶之本心的。"

【注解】

本章有双重理喻：其一，道义不唯重于利，而且重于生命。与西方近现代关于"为了生存可以舍弃生存"的理论有异曲同工之妙。其二，方法论意义上的利害相权说。两利相权，取其大者而为之；两害相权，取其小者而为之。义大于生时，可以舍生取义；义不须舍生时，何必去寻死？此论当是不害人的义利观、生死观。

［嘑］音乎，同呼。朱子注："咄啐之貌。"也就是一边很不礼貌地吃喝着，一边吐唾液污辱人。［所识穷乏者］所相识的穷朋友。［得我］得到自己的帮助。

三十三、君子大丈夫人格的"三大操守"

景春曰："公孙衍、张仪岂不诚大丈夫哉？一怒而诸侯惧，安居而天下熄。"

孟子曰："是焉得为大丈夫乎？子未学礼乎？丈夫之冠也，父命之；女子之嫁也，母命之。往送之门，戒之曰：'往之女家必敬必戒，无违夫子。'以顺为正者，妾妇之道也。居天下之广居，立天下之正位，行天下之大道；得志与民由之，不得志独行其道；富贵不能淫，贫贱不能移，威武不能屈，此之谓大丈夫。"

（原文录自《孟子》七篇卷三，滕文公〈下〉景春章。）

❖

【译文】

有一个叫景春的人对孟子说道："公孙衍、张仪这样的人，怎能说不是真正的大丈夫呢？他们开口一怒，天下诸侯都害怕；他们只要安居于家，天下就太平而战事息。"

孟子说："这种人怎么能算得上是大丈夫呢？你没读过礼书吗？礼经上说男子汉成人举行加冠仪式时，父亲要教导他做男人的责任；女孩出嫁的时候，母亲要教导她怎样谨守妇道。送女儿到门口时还要叮嘱：'到了你的家，一定要恭敬，一定要顺从，不要违逆自己的丈夫！'以顺从为正道，这只是为人妾妇者应恪守的准则。只有那种心居于天下最广大的仁善之宅，立身于天下不偏不倚之正位，践行礼义这条天下大道，得志便与百姓共行此道，不得志则独善其身，富贵不能动其心志，贫贱不能变其气节，威权强力而不能使之屈服的人，才能称得上是大丈夫。"

【注解】

本段主要讲什么样的人，才能称得上是真正的大丈夫。像公孙衍、张仪那一类人，既不讲仁义道德，又不事劳作，不行仁义之事，只凭三寸不烂之舌，耸人听闻兜售利害的说辞，而博取利禄权位的人，即使能耸动君王，身居要位，也称不上是大丈夫。只有那些居仁守善行义的人才能称得上是大丈夫。尤其是"富贵不能淫，贫贱不能移，威武不能屈"这三条当为古今君子做人的三大人格操守。

［公孙衍］战国说客，专以世人无所闻之大言而耸动天下者。［张仪］战国时代与苏秦齐名的纵横家。苏秦专事说动六国联合抗秦；张仪则专门说动秦国单独与各国联盟，而瓦解六

国的"抗联"。［丈夫之冠］古代男子长大成人要行加冠仪式，证明他是成人了。［女家］汝家、你家。朱子注："女家，夫家也。妇人内夫家，以嫁为归也。夫子，夫也。女子从人，以顺为正道也。盖言二子（公孙衍、张仪）阿谀苟容，窃取权势，乃妾夫顺从之道耳，非丈夫之事也。"

三十四、君子有"三乐"而不为帝王

孟子曰："君子有三乐，而王天下不与存焉。父母俱存，兄弟无故，一乐也；仰不愧于天，俯不怍于人，二乐也；得天下英才，而教育之，三乐也。君子有三乐，而王天下不与存焉。"

（原文录于《孟子》七篇卷七，尽心〈上〉三乐章。）

【译文】

孟子说："君子有三种快乐，不包括坐天下当帝王。父母双全、兄弟和好，是第一种快乐；做事抬头对天无愧无损于天良，低头对人无所羞惭，这是第二种快乐；自己有学养、修养，可以对身边的天下英才去进行教育培养，这是第三种快乐。君子有了这三种快乐，而王统天下的职位却不算在内。"

【注解】

本章讲君子有三件乐事，是比当帝王做皇帝还开心的。意在阐明人的仁善天性之乐，不是来自身外之物之乐所可比的。〔不与存〕不在其内，不可相比。

三十五、君子之性在仁义礼智存于心

孟子曰："广土众民，君子欲之，所乐不存焉。中天下而立，定四海之民，君子乐之，所性不存焉。君子所性，虽大行不加焉，虽穷居不损焉，分定故也。君子所性，仁义礼智根于心。其生色也，睟然见于面，盎于背，施于四体，四体不言而喻。"

（原文录于《孟子》七篇卷七，尽心〈上〉广土章。）

【译文】

孟子说："地广人多，当诸侯，是君子所希望的，但使他快乐的却不在此；独立于天下中央，泽被天下民众，当王，是君子所乐为的，但他的天性本心却不在此。君子之人的秉性，虽然其道大行天下，却无以使其增加；虽然穷居一隅不得通达，也无以使其减少。因为人的秉性是天定的，不会改变的。

君子所秉赋的仁、义、礼、智德性的根本是生在他心中的。虽然是看不见的，但是这些能得以光大，就会有一种润泽的光彩，流露在脸上，丰盈于背后，他的四体周身都散发出一种高贵从容的气质。他四体的举止行为，不用人说便知其所以然。"

【注解】

本章讲君子之所以成为君子，不在所得天下外物的广大众多，而在本心的仁善。虽天下之广、民众之多亦不可增益君了本性，只有生于内心的仁义礼智之德才是君子的立身之本。正所谓广土不如广心，积功不如积德，方有真乐。

〔所乐不存〕不是为乐。〔"所性不存"句〕朱子注："其道大行，无一夫不被其泽，故君子乐之。然其所得于天者则不在是也。"〔分定〕天分所定。朱子注："分者，所得于天之全体，故不以穷达而有异。"〔粹然〕朱子注："清和润泽之貌。"〔盎〕朱子注："丰厚盈溢之意。"〔施于四体〕朱子注："谓见于动作威仪之间也。"〔四体不言而喻〕朱子注："言四体不待吾言，而自能晓吾意也。盖气禀清明，无物欲之累，则性之四德（仁、义、礼、智）根本于心，其积之盛，则发而着见于外者，不待言而不顺也。"

三十六、君子得志当有"三不为"

　　孟子曰："说大人，则藐之，勿视其巍巍然。堂高数仞，榱题数尺，我得志弗为也；食前方丈，侍妾数百人，我得志弗为也；般乐饮酒，驱骋田猎，后车千乘，我得志弗为也。在彼者，皆我所不为也；在我者，皆古之制也，吾何畏彼哉？"

　　（原文录于《孟子》七篇卷七，尽心〈上〉说大章。）

【译文】

　　孟子说："去游说那些权贵大人，就一定要心轻他，不要看到他高高在上的样子就畏惧。虽然他居住之处有数丈之高，橡头屋楠有几尺宽，但我如果得志，是不会如此的；虽然他进餐时面前的桌子摆得一丈见方那么大，前后侍奉的美妾有几百人，但我如果得志，是不会如此的；虽然他可以肆意作乐饮酒，到处驱车游猎，后面的随行车马有千乘之多，我如果得志，是不会如此的。在他看来都是高贵的事，却都是我所不肯为之的，而我所奉行的，都是古代圣贤的定制。如此，我在他的面前又有什么可畏惧的呢？"

【注解】

本章讲君子之人在权贵大人面前要有底气，不要被他的权势与表面气象所屈服。朱子引杨氏注称："孟子此章，以己之长，方人之短，犹有此等气象，在孔子则无此矣。"〔说大人〕说读税音，游说意；大人，指权贵者、诸侯王。〔藐之〕要在心里轻视他。〔仞〕读认音，古制八尺为一仞。〔榱题〕榱读崔音，屋椽子称榱；题，头意，指椽子头。屋椽分内外，榱题指屋檐下承重的外椽。而方头的则称桷（音决），因有合称榱桷的，二者合于檐下很是气派华丽。〔般乐〕读盘洛音，尽情享乐。

三十七、"君子不怨天，不尤人"

孟子去齐，充虞路问曰："夫子若有不豫色然？前日虞闻诸夫子曰：'君子不怨天，不尤人。'"

曰："彼一时，此一时也。五百年，必有王者兴，其间必有名世者。由周而来，七百有余岁矣。以其数则过矣，以其时考之，则可矣。夫天，未欲平治天下也。如欲平治天下，当今之世，舍我其谁也？吾何为不豫哉？"

（原文录于《孟子》七篇卷二，公孙丑〈下〉充虞章。）

❦

【译文】

孟子离开了齐国，他的弟子充虞在离去的路上问道："先生的脸色好像很不快乐啊？前天我还听先生说：'君子是知天命的，既不怨于天，也不恨于人的。'"

孟子说："那时是那时，现在是现在。从古代以来，过五百年必定有统一天下的王者兴起，同时也必定有辅佐这王的名世之贤臣出现。从周朝兴起到现在以来，已有七百多年了，按年数来算，已经超过了五百年的定数。就是按现在的时势来考量，也该有救民治世的人出现才可以啊！天啊，也许还不想平治天下吧。如果要想平治天下，当今之世，除了我还有谁能当此大任呢？由此想来我还有什么不快乐的呢？"

【注解】

　　这篇是孟子十分失意地离开他工作过一段时间的齐国后，与他弟子的一段对话。齐王曾留用他，但由于不合用，便把他闲置起来。他觉得很失望，便离开了齐王。但又心存齐王召他回任的希望，但终于没能够。所以他心里十分忧虑、不快。但他却说道没什么不愉快的。而那种自负于天下而又不得见用于时世的矛盾心态，何尝会使人快乐呢？而古今中外理想主义者的世界，注定了只能是永远在他们身后且久远的年代。而在当世是很少有他们的政治坐椅的，更不要说舞台了。这也许正是那些理想主义知识者们的"天命"吧！

　　〔充虞〕孟子学生的名字。〔路问〕在归途中问他。〔豫〕愉悦。〔尤人〕恨他人。〔五百年必有王者兴〕自尧、舜而至商汤，自商汤而至西周文王、武王，都间隔了五百余年，而同时都有圣贤名臣辅佐他们。〔数〕五百年之期。〔时〕久乱思治之时。

三十八、"君子创业垂统，为可继也"

滕文公问曰："齐人将筑薛，吾甚恐，如之何则可？"

孟子对曰："昔者，太王居邠，狄人侵之，去之岐山之下居焉。非择而取之，不得已也。苟为善，后世子孙，必有王者矣。君子创业垂统，为可继也。若夫成功，则天也。君如彼何哉？强为善而已矣！"

（原文录于《孟子》七篇卷一，梁惠王〈下〉筑薛章。）

【译文】

滕文公问孟子说："齐国准备在我的邻界薛地建城，我很害怕，如果他建城我怎样去防备才可以呢？"

孟子回答道："从前，周朝的先祖太王率人民居住在邠地，北方的狄族人来侵略，他便率人民迁移到岐山之下去居住。这不是他要选那里去住的，是不得已而为之的事。人如果能行善积德，他的后世子孙必定兴旺发达，会有称王的。所以君子创下善的基业，后世子孙便会继续统治下去。至于说到成功，则是天的力量了，人能够奈何得了天怎样呢？只有强自为善而已。"

【注解】

本篇是孟子劝滕文公修善自强的一段话，道理很透彻。有道是"爷爷奶奶积儿孙"，就和孟子所言之"苟为善，后世子孙必有王者"是一个意思。但滕文公要解决的问题不是子孙后代的问题，而是对齐国筑薛的对策，是国防安全的大问题，怎么只能靠让步与积善来解决呢？孟子到了哪国，不管人家问什么，都是仁、义、礼、智，以善为本，以内修为根。修得齐天又怎抵挡得住狼与虎？在那个时代，真真是一肚皮不合时宜，所以他只被冠以迂阔的大名，而无一国用他。作为教育家，他是很够格的，但做王佐帝相则绝非其才可堪任，而其却自命"舍我其谁"，结果也只能是"人皆舍我"而已而已。但他的思想却是对后人大有补益的。

［薛］为国名，是滕的邻国，被齐国占领。［太王］周朝的先祖，有版本为"大王"的，似不通。［邠］音宾，通豳。

三十九、君子不以"饥渴"为心害

孟子曰："饥者甘食，渴者甘饮，是未得饮食之正也，饥渴害之也。岂惟口腹有饥渴之害，人心亦皆有害。人能无以饥渴之害为心害，则不及人不为忧矣。"

（原文录于《孟子》七篇卷七，尽心〈上〉饥者章。）

孟子曰："人有不为也，而后可以有为。"

（原文录于《孟子》七篇卷四，离娄〈下〉人有章。）

【译文】

孟子说："饥饿者会觉得什么饭食都好吃，干渴的人会觉得什么水浆都好喝，这是不得正常饮食之道的，不过是饥渴害得他如此。而世间事岂止口腹有饥渴之害呢？人的心也常常遭受此害的。人如果能够理智地不以饥不择食、渴不择饮之口腹之害来害心，就是有不如人之处也不足为忧的了。"

孟子说："人必得有不去做的事，然后才可以大有作为。"

【注解】

朱子注：〔心害〕"口腹为饥渴所害，故于饮食不暇择，而失其正味；人心为贫贱所害，故于富贵不暇择，而失其正理。"其实，饥渴之害，何止失正味？而大可失其命。人心之害又何止于贫贱？不得其正，无正心，不行正道，必处处受害。〔不及人不为忧〕朱子注："人能不以贫贱之故而动其心，则过人远矣。"

四十、霸道以力服人，王道以德服心

孟子曰："以力假仁者霸，霸必有大国；以德行仁者王，王不待大。汤以七十里，文王以百里。以力服人者，非心服也，力不赡也。以德服人者，中心悦而诚服也，如七十子之服孔子也。诗云：'自西自东，自南自北，无思不服。'此之谓也。"

（原文录自《孟子》七篇卷二，公孙丑〈下〉以力章。）

【译文】

孟子说："借行仁义的名声却以强力征服于人的称为霸术，这种霸术的实行必须依国土广阔、兵强马壮为后盾；而以德政行仁义于天下的是王道，而且道的兴起则不再有大国的基础。商汤兴起时的土地不过七十里，周文王的兴起之地也不过百里。以国家的强力来征服人，被征服者的服也不是心服，而是自己的力量不足以反抗罢了。而以德服人，才能让人从心里心悦诚服。比如像孔子的七十二个贤弟子对他的信服追随。诗经上所说周文王：'无论从东到西，从南到北，四方没有不心服于他的。'讲的就是这个意思。"

【注解】

本章主要论辩王、霸之术的不同。霸道以力服人而口服心不服；王道以德服人而人无不心悦诚服而天下归心。朱子引邹氏语注称："以力服人者，有意于服人，而人不敢不服；以德服人者，无意于服人，而人不能不服。从古以来，论王霸者多矣，未有若此章之深切而著明也。"这种思想尽管一直流传了二千余年到今日，但真正以德服人、服天下的又有多少呢？所以，兴兴亡亡、沉沉浮浮又何曾有过止息？

［以力假仁］以力征服他国，却假借替天行仁义的名义。［不待大］指兴起之初并不需要多大，不需要很强大。［不赡］不足。［七十子］传说孔子有贤弟子七十二人。

四十一、君子之言存道，
君子之守在身而不责人

孟子曰："言近而指远者，善言也；守约而施博者，善道也；君子之言也，不下带，而道存焉；君子之守，修其身而天下平。人病舍其田，而耘人之田；所求于人者重，而所以自任者轻。"

（原文录自《孟子》七篇卷七，尽心〈下〉言近章。）

【译文】

孟子说："所讲的话虽然浅近，但却意味深远者，当是好的话语；个人的自我操守很俭约，对他人所给予的却很广博，这是很好的道德节操；有识的君子之人讲的话，好像都是眼前平常浅近的话，但却有很深的道理存在其中；那些自我操守俭约的君子所坚守的，却是自修身始，而扩充到齐家治国平天下的。对一个人最有害的就像是农夫放弃自己的地，而专门喜欢去耕别人的田一样，责备他人、希望他人的心思太重，而对自己的反思，自己的责任却担得很轻。"

【注解】

本章讲君子之道当是说话言浅而意深；自我操守简约，待人以厚博；通过自我修身而扩充到治平天下。而人之患则在于责人不责己，希望别人来承担，而自己却不肯去担当。

〔不下带〕朱子注称：古人很讲礼仪，看人时，眼睛是不去看衣带以下的。此处是指所讲的话好像只讲眼前的就近的，其实含意却很深远。〔求〕责备。〔自任〕自我去担当。

四十二、君臣之道，法尧舜而已

孟子曰："规矩，方圆之至也；圣人，人伦之至也。欲为君，尽君道，欲为臣，尽臣道，二者皆法尧舜而已矣。不以舜之所以事尧事君，不敬其君者也；不以尧之所以治民治民，贼其民者也。孔子曰：'道二，仁与不仁而已矣。'暴其民甚，则身弑国亡，不甚，则身危国削，名之曰幽厉，虽孝子慈孙，百世不能改也。诗云：'殷鉴不远，在夏后之世。'此之谓也。"

（原文录自《孟子》七篇卷四，离娄〈上〉规矩章。）

【译文】

孟子说："规与矩，是制量方圆的最高标准；圣人，是人伦操守的最高典范。要做人君，就要尽守人君的道理；要为人臣，就该尽守人臣的道理。而君臣两者的道理无非是效法尧舜之道而已。为臣的如果不用舜去服事尧的方式去服事自己的君主，就是不敬其君的人；为人君主的，如果不用尧帝治理百姓的方法去治理民众，就是祸害民众的人。孔子说：'为政之道不过两端：仁与不仁而已。'君主如果待他的臣民百姓太残暴了，就会被下边杀掉亡国；虽不太残暴但仍不行仁政的，就会身处危险之中，国力削弱。被称为像周朝的幽王与厉王那样的名号，后世子孙即使是孝子慈孙，过了百世也抹不去这种恶名。诗经上面说：'殷商之朝应吸取的亡国教训并不很远，就在前朝夏代的时代，'讲的就是这个道理啊！"

【注解】

本篇为《孟子要略》卷四的收尾段。主要讲君臣之道无非是二者都要效法尧舜的君臣之道。而为政之道则无非仁与不仁两端。不行仁政者或身败名裂国亡，或遗臭万年而无以改其恶名。

朱子注首句称："规矩尽所以为方圆之理，犹圣人尽所以为人之道。"注孔子语称："法尧舜，则尽君臣之道而仁矣；不法尧舜，则慢君贼民而不仁矣。二端之外，更无他道。出乎此，则入乎彼矣，可不谨哉？"

四十三、君子依天性而行后听天由命

孟子曰："尧舜，性者也；汤武，反之也。动容周旋中礼者，盛德之至也；哭死而哀，非为生者也；经德不回，非以干禄也；言语必信，非以正行也。君子行法以俟命而已矣。"

（原文录自《孟子》七篇卷七，尽心〈下〉尧舜章。）

【译文】

孟子说："尧、舜二帝的仁义是从人的善良天性中自然生发出来的，而商汤、周武二王则是在修为学习中返归人的善良本性的；一个人如果举止行为都合于礼义，那是心中自有厚德所致；比如为死者哭泣是因为发自心性中的自然的悲伤的表现，而不是为了给活着的人看的；一个人能守常德不变，那也是心性如此不肯邪恶，而不是为了去谋爵禄；开口说话都是真实可信的，也是发自本性，而不是有心去让别人说自己行为端正。君子行事只依照心性法度自然行事，而不计其余，至于到底会怎样，那就听天由命了。"

【注解】

本章讲圣贤的仁义有的是从善良天性中生发于外的，有的是学习修为后返回善良本性的。这两个方面都可获得成功。只要内心为善良的品性所充盛，在举止行为中便会自然生发出来，便都会合于礼的要求。

[性者、反之] 朱子注首句称："性者，得全于天，无所污坏，不假修为，圣之至也。反之者，修为以复其性，而至于圣人也。"[经德] 常德。[干录] 谋求官职俸禄。[盛德之至] 朱子注此句称："细微曲折，无不中礼，乃其盛德之至。自然而中（合于），而非有意于中也。"[君子行法] 朱子注此句称："法者，天理之当然者也。君子行之，而吉凶祸福有所不计，盖虽未至于自然，而已非有所为而为矣。此反之之事，董子所谓'正其义不谋其利，明其道不计其功'，正此意也。"

四十四、古之清、任、和、时
四圣的风格

　　孟子曰："伯夷目不视恶色，耳不听恶声。非其君不事，非其民不使。治则进，乱则退。横政之所出，横民之所止，不忍居也。思与乡人处，如以朝衣朝冠坐于涂炭也。当纣之时，居北海之滨，以待天下之清也。故闻伯夷之风者，顽夫廉，懦夫有立志。

　　"伊尹曰：'何事非君，何使非民？治亦进，乱亦进。'曰：'天之生斯民也，使先知，觉后知；使先觉，觉后觉。予，天民之先觉者也，予将以此道觉此民也。'思天下之民，匹夫匹妇，有不与被尧舜之泽者，若己推而内之沟中。其自任以天下之重也。

　　"柳下惠不羞污君，不辞小官。进不隐贤，必以其道。遗失而不怨，厄穷而不悯。与乡人处，由由然，不忍去也。尔为尔，我为我，虽袒裼裸裎于我侧，尔焉能浼我哉？故人闻柳下惠之风者，鄙夫宽，薄夫敦。

"孔子之去齐，接淅而行。去鲁曰：'迟迟吾行也。'去父母国之道也。可以速而速，可以久而久，可以处而处，可以仕而仕。孔子也。"

孟子曰："伯夷，圣之清者也；伊尹，圣之任者也；柳下惠，圣之和者也；孔子，圣之时者也。孔子之谓集大成。集大成也者，金声而玉振之也。金声也者，始条理也；玉振之也者，终条理也。始条理者，智之事也；终条理者，圣之事也。

"智，譬则巧也；圣，譬则力也。由，射于百步之外也，其至，尔力也；其中，非尔力也。"

（原文录自《孟子》七篇卷五，万章〈下〉伯夷章。）

【译文】

孟子说："伯夷这个人目不视不正的色彩，耳不听不合礼的乐声，不是他志同的国君他不事奉，不是道合的民众他是不会使唤的。治世之时入朝为官，乱世之时退隐其身。暴政横行、暴民聚集之处，他是不肯居住的。他想的是和这些人同处一处，就像是穿了高贵的朝服冠带，却坐在了泥污炭灰上一样。所以在纣王暴政时代，便一个人跑到了北海边上去躲避，等待天下的澄清。所以凡是听到伯夷这种风尚的人，无知者也变清廉了，胆小的人也开始立志图强了。

"伊尹却说：'哪有不可事的君主，哪有不可使的民众呢？治世可以入朝为官，乱世也可以入朝为官。'并说道：'上天生有这些不同的民众，就是要让那些先明白道理的人去启发那些后知者；让那些先觉悟的人，去觉悟那些后觉悟的人。我，是这些天生之民中的先觉悟者，我将用我所知晓的仁义之道去觉悟这些人。'他经常想天下的一男一女如果没享受到尧舜般的恩泽，都像是自己把他们推到了沟里那样不安。他就是这样一个把以天下为己任看得很重的人。

"柳下惠并不以事奉昏君为羞耻，也不因官小而推辞掉。进入仕途并不泯灭自己的良知贤德，一切以仁义之道行事。没有被任用也不抱怨，遇到困顿也不自怜自叹。和那些不如自己的人在一起，也很随和，不忍离开。你是你，我是我，哪怕你就是光着身子在我的身边，你也不可能使我受污。所以听说了柳下惠这种风格的人，就是鄙陋的也变得宽容，刻薄的也变得敦厚了。

"孔子离开齐国时，都不等饭熟了就急着走；而离开鲁国时，则说道：'我们可以慢慢地走'，这是离开自己母国的道理。当快则快，当久则久，当退则退，当仕则仕，这就是孔子的风格。"

孟子说："在这四个圣人中，伯夷可以称为'清圣'，伊尹可称为'任圣'，柳下惠可以称为'和圣'，孔子可以称为'时圣'。在四圣中，孔子是集其大成者。这种集大成就像奏乐一样，先敲铜钟，后击玉磬。钟声响在一曲之先为引导众音一律，磬声响在一曲终了的统一。这样才会完成一支曲子的演奏始终有序而不杂乱。开始引导在前的是聪明人做的事；终了收尾结束合成的是圣人做的事。

"智者之事就像射手的技巧，而圣者之事则要靠力气来把箭射出去。古代的神射手养由基在百步之外射穿杨树叶。能不能射到那么远，靠的是力气，而能不能射中目标则靠的是技艺高低，而不在力气大小了。"

【注解】

本章是讲古之圣贤不拘一格，各演丰采的。称伯夷为圣者之"清"——以清高孤洁而闻名天下；称伊尹为圣者之"任"——以天下为己任自任之重而闻名天下；称柳下惠为圣者之"和"——随波而不逐流，洁身而不远众择时；称孔子为圣者之"时"，以应时进退，不勉其强，继三圣之后能集其大成者，亦为应时。

〔伯夷〕殷商时代的大贤者。与叔齐二人均为商朝统治下的属国孤竹国的王子。伯夷为长子，国王去世命三子叔齐继位，叔齐却非要让国于兄。伯夷为不违父命便离家出走。叔齐也追随他哥哥一齐走了。二人投奔周文王，适逢文王去世，武王伐纣。二人劝武王息兵。武王不听而灭纣，建立周朝。二人认为以臣灭君自立，这是不义之举，两个人便"耻食周粟"，跑到首阳山中以吃野菜为生。后来有人说：这种野菜也是长在周土上的。兄弟二人竟然绝食饿死。〔伊尹〕商朝开国君主成汤的贤相，出身于奴仆，为汤王重用，连辅三朝。〔柳下惠〕春秋时鲁国的法官，曾因以直道事人而被三次罢官而闻名古今。但他矢志不改，仍留在鲁国不走，尽力去做好事。本人名为展禽，时人称其柳下子，死后，其妻称其号为惠。其著名有三：其一，直道事人，被罢官也不肯屈己；其二，以信誉著名，秦国向鲁国索取周鼎，鲁公送了假的去。秦国要柳去送才认为是真的。鲁公找到他，他却说那我不是骗人吗？死活不去。鲁公只得送了真的去；其三，坐怀不乱。冬雪天在城门外遇到苦于寒的女子，他解开衣服，把她抱在怀里睡了。但没有人为此攻击他。其誉如此之清，却不得重用。

〔接淅而行〕朱子注："接，犹承也。淅，渍米水也。渍米将炊，而欲去之速，故以手承水取米而行，不及炊也。"是着急走，连把饭做熟了都等不及的意思。

〔集大成〕"成"：是指音乐的一个音的曲调之终了为一小成。集合诸小成为大成。朱子注称："此言孔子集三圣之事，而为一大圣之事，犹作乐者，集众音之小成，而为一大成也。成者，乐之一终，（书经）所谓'箫韶九成'是也。"

〔金声玉振〕金指钟，玉指磬，这是两种乐器。声为宣播，振为收意。〔始条理〕始为开始，条理指脉络、有序，使其不杂乱意。钟为始音，磬为终音，故称"始条理"、"终条理"。古乐曲以钟为始发，以磬为终止，使其起止有序。朱子注称："盖乐有八音：金、石、丝、竹、匏、土、革、木。若独奏一音，则其一音自为始终，而为一小成。……八音之中，金石为重，故特为众音之纲纪。又金始振而玉终诎然也，故并奏八音。"以金声始，以玉振终，统摄各乐音，统一有序完成，故称集大成。〔其至、其中〕至，射到多远；中，射中目标。

四十五、三圣之道无非善与人同 舍己从人

　　孟子曰："子路人告之以有过则喜，禹闻善言则拜。大舜有大焉，善与人同，舍己从人，乐取于人以为善。自耕稼陶渔，以至为帝，无非取于人者。取诸人以为善，是与人为善者也。故君子莫大乎与人为善。"

　　（原文录自《孟子》七篇卷二，公孙丑〈上〉子路章。）

【译文】

　　孟子说："子路这个人听到别人告诉他的缺点在何处，他就很高兴；大禹听到别人向他讲有益的话便拜谢于人。而舜帝之所以称为大舜，自有他大过人处，把自己的善同天下人共享同受；见到别人的善处就把自己的服从于他人的，十分乐于把别人的善处当成自己的善。他从在历山耕田，在河边烧窑，

在大泽捕鱼，一直到称帝，无非是都在一路地取之于他人。把他人的善拿来改正自己，成就自己的善，这也是自己助他人为善。所以说君子之大善莫过于与人为善。"

【注解】

本章讲古圣人诚乐于善的故事：一个是子路闻过则喜；一个是夏禹听别人对他讲有益的良言便马上拜谢；一个是大舜，从布衣百姓始一直到成为帝王，都是取人之善而成己之善，从而助人为善。

尤其是大舜的过人之处有三条：其一，善与人同——不独善，不私其善，公诸于天下，使其善与天下人同享共行；其二，舍己从人，两善相逢，自己顺从他人之善；其三，乐取人之善以为己之善。以此助人为善，成就他人。

［与人为善］朱子注称："与，犹许也，助也。取彼之善而为之于我，则彼益劝于为善矣，是我助其为善也。能使天下之人皆劝于为善，君子之善，孰大于此。此章言圣贤乐善之诚，初无彼此之间。故其在人者有以裕于己，在己者有以及于人。"

四十六、君子善养浩然之气

公孙丑问曰："夫子加齐之卿相，得行道焉，虽由此霸王不异矣。如此则动心否乎？"孟子曰："否。我四十不动心。"曰："若是，则夫子过孟贲远矣。"曰："是不难，告子先我不动心。"

曰："不动心有道乎？"曰："有。北宫黝之养勇也，不肤挠，不目逃，思以一毫挫于人，若挞之于市朝。不受于褐宽博，亦不受于万乘之君。视刺万乘之君，若刺褐夫。无严诸侯，恶声至，必反之。孟施舍之所养勇也，曰：'视不胜犹胜也。量敌而后进，虑胜而后会，是畏三军者也。舍岂能为必胜哉？能无惧而已矣。'孟施舍似曾子，北宫黝似子夏。夫二子之勇，未知其孰贤？然而孟施舍守约也。

"昔者曾子谓子襄曰：'子好勇乎？吾尝闻大勇于夫

子矣。自反而不缩，虽褐宽博，吾不惴焉；自反而缩，虽千万人吾往矣。'孟施舍之守气，又不如曾子之守约也。"

曰："敢问夫子之不动心，与告子之不动心，可得闻与？""告子曰：'不得于言，勿求于心；不得于心，勿求于气。'不得于心，勿求于气，可；不得于言，勿求于心，不可。夫志，气之帅也。气，体之充也。夫志至焉，气次焉。故曰：'持其志，无暴其气。'"

"既曰'志至焉，气次焉'，又曰'持其志，无暴其气'者，何也？"曰："志壹则动气，气壹则动志也。今夫蹶者、趋者，是气也，而反动其心。"

"敢问夫子恶乎长？"曰："我知言，我善养吾浩然之气。""敢问何谓浩然之气？"曰："难言也。其为气也，至大至刚，以直养而无害，则塞乎天地之间。其为气也，配义与道，无是馁也。是集义所生者，非义袭而取之也。行有不慊于心，则馁矣。我故曰：告子未尝知义，以其外之也。

"必有事焉而勿正，心勿忘，勿助长也。无若宋人然。宋人有悯其苗之不长，而揠之者。芒芒然归谓其人曰：'今日病矣，予助苗长矣。'其子趋而往视之，苗则槁矣。天下之不助苗长者寡矣。以为无益而舍之者，不耘苗者也。助之长者，揠苗者也。非徒无益，而又害之。”

“何谓知言？”曰：“诐辞知其所蔽，淫辞知其所陷，邪辞知其所离，遁辞知其所穷。生于其心，害于其政；发于其政，害于其事。圣人复起，必从吾言矣。”

“宰我、子贡善为说辞；冉牛、闵子、颜渊善言德行；孔子兼之曰：‘我于辞命则不能也。’然则夫子既圣矣乎？”曰：“恶！是何言也？昔者子贡问于孔子曰：‘夫子圣矣乎？’孔子曰：‘圣则我不能。我学不厌而教不倦也。’子贡曰：‘学不厌，智也；教不倦，仁也。仁且智，夫子即圣矣！’夫圣，孔子不居，是何言也？”

“昔者，窃闻之：子夏、子游、子张皆有圣人之一体，冉牛、闵子、颜渊则具体而微。敢问所安？”曰：“姑舍是。”

曰：“伯夷、伊尹何如？”曰：“不同道。非其君不事，非其民不使；治则进、乱则退，伯夷也。何事非君，何使非民；治亦进，乱亦进，伊尹也。可以仕则仕，可以止则止，可以久则久，可以速则速，孔子也。皆古圣人也，吾未能有行焉。乃所愿，则学孔子也。”

“伯夷、伊尹于孔子，若是班乎？”曰：“否。自有生民以来，未有孔子也。""然则有同与？"曰："有。得百里之地而君之，皆能以朝诸侯有天下。行一不义、杀一不辜而得天下，皆不为也。是则同。"

曰："敢问其所以异？"曰"宰我、子贡、有若，智足以知圣人，污不至阿其所好。

"宰我曰：'以予观于夫子，贤于尧、舜远矣！'

"子贡曰：'见其礼而知其政，闻其乐而知其德。由百世之后，等百世之王，莫之能违也。自生民以来，未有夫子也。'

"有若曰：'岂惟民哉？麒麟之于走兽，凤凰之于飞鸟，太山之于丘垤，河海之于行潦，类也；圣人之于民，亦类也。出于其类，拔乎其萃。自生民以来，未有盛于孔子也。'"

（原文录自《孟子》七篇卷二，公孙丑〈上〉动心章。）

❈

【译文】

公孙丑向他的老师孟子问道："如果老师能当上齐国的卿相，得以实行你的主张，齐国虽然由此成为霸主或者称王天下都没什么稀奇的。如果能这样您是否会对此动心呢？"孟子说："不。我四十岁以后就养成不动心了。"公孙丑说："如果是这样，那先生的志节就超过古代勇士孟贲很远了。"孟子说："是没什么难的，连告子都能先于我而做到不动心，我还有什么难的呢？"

公孙丑又问道："不动心有什么道法吗？"孟子说："有。但不动心也有种种不同。如齐国的勇士北宫黝很有勇气，肌肤伤了也不屈不挠，眼睛受到刺激也不转睛逃避。如果有一点受辱，就如同被人在大街上打了，而不肯受那些穿长短衣服贱民的嘲笑，也不肯受万乘之国君主的耻辱。把刺杀万乘君王就当成刺杀一个平民一样。也不惧怕诸侯们，一旦有不敬的声音入耳，就一定去报复而不肯放过。而孟施舍的勇气就不同，他自己说：'我把打不胜也看成是能胜。如果算计好敌人少才敢进攻，先考虑胜败才敢去迎敌接战，是怕敌人的三军之势众了。我怎么能知道会必胜呢？但我能做到无所畏惧而已。'孟施舍的勇道很像曾子，而北宫的勇道很像子夏。这两个人的勇道，不知哪个更贤，然而孟施舍所信守的似乎更得要领。

"从前，曾子对他的学生子襄说过：'你喜欢勇敢吗？我曾经听过孔夫子讲过什么是真正的大勇：如果自思觉得是自己理不直的，那么哪怕面前是一个长袍短袖的布衣百姓，我也不去以强凌弱，不怕别人嘲笑我胆小。如果自思自己的理直，虽然面对千军万马的强敌，我也会勇往直前。'如此看来，孟施舍所信守的一身勇气，又不如曾子的守理来得更切要。"

公孙丑又问道："敢问老师您的不动心，与告子不动心的道理，能够讲给我听听吗？"孟子回答道："告子说：'不得他人的善言相加，也不要老于自心中去反求原因；不得他人的善心相待，也不要求助于怒气。'告子所讲的不得他人的善心相待，而不动气，是可以的；但不得他人的善言相加于己，而不反求于自心，则不可以。一个人的心志，是气的主帅；喜怒之气，则是充满于身的。志最为重要，而气则受心志主导的。所以说：'人当守志，也不可自弃气节。'"

公孙丑又问道："既然说'志至焉，气次焉'，又说要'持其志，无暴其气'的说法，是怎么回事呢？"孟子说："心志专一时也当有心气为之动，凡心气专一时也有心志随之活动。现在比喻说人跌倒了、奔走，是气所至，但反过来也影响到人的心理活动。"

公孙丑又问道："敢问老师您能不动心的长处是什么呢？"孟子说："我知道话中的是非。我善于存养我的浩然之气。"公孙丑又问道："敢问老师什么是浩然之气呢？"孟子回答道："这很难用言语来表述。这种气极大而无量，极刚而不可屈。如果顺其道而蓄养，又不妨害它，便可充斥于天地之间。这种气，再加上义理与天道，就没有什么可以气短胆怯的了。这种正气是义理的集合积累所成，并非做一义事就可以得到的。所行如有不合于义处，心有所亏，也就胆怯了。我所以说告子还不曾知道义存于心，就是他把义当成身外的了。

"养浩然正气必得多积仁义善事而不能只是凭期待，不可以忘怀于心，也不可以心存助长之意。千万不要像宋国的那个人。宋国有个人愁庄稼苗长得不够快，便去拔苗助长。他自以为聪明地回家了，对家人说：'我今天很累啊，我拔苗助长了。'他的儿子急忙跑到地里一看，苗全都干巴了。天下人有几个不是常干这种助长的蠢事呢？养气也同样，不能以为不能马上受益的事就放弃，这就如同不肯去付铲地培土的辛苦，而只想去拔苗助长的人一样。非但无益，反而有害于小苗。"

公孙丑又问道："什么是'知言'呢？"孟子说："所谓知言，就是听到偏颇的话，就知其被蒙蔽之处；听到放荡不经的话，就知其深陷在哪里；听到歪理邪说，便知其是离经叛道；听到逃避的话，便知其理屈辞穷。这四种毛病一旦发生在心里，便一定危害到政治；一旦发生在政治中，那么便会危害到一切事。就是圣人兴起，也一定会同意我的这种说法。"

公孙丑又向孟子问道："在孔子的弟子中，宰我和子贡这两个人擅长于口才；冉牛和闵子、颜渊这几个人长于德行。他们的老师孔子则兼具二者，但却自谦地说：'在说辞方面我很欠缺啊！'但是老师您既能养浩然正气，又能知人之言，就可以称得上是圣人了吧？"孟子说："怎么可以这样说呢？从前子贡曾经这样问孔子：'先生当是圣人了吧？'孔子说：'要说到圣我是不行的，我不过是自己求学问从不厌弃，对别人讲说传授从没有倦怠过而已。'子贡又说：'自己学而不厌，是智慧的事；对别人诲而不倦，是仁德。既仁又智，老师您就是圣人啊！'这个圣字，连孔子都不敢自居，你怎么可以说我是圣人呢？"

公孙丑又问道："从前，我私下里听说，子夏、子游、子张这三个人都有可称为圣的一个方面；冉子、闵子、颜子这三个人很全面但器局还嫌微小一些。敢问老师您和他们相比处于什么位置呢？"孟子回答道："我们还是暂且放下这几个人不说吧。"

公孙丑说："那么您和伯夷、伊尹相比又怎么样呢？"孟子回答道："这和我不是一回事。伯夷这个人是：他不喜欢的君主是不去服事的；他不喜欢的人是不去使唤的；清平盛世他才肯为官于朝，浑浊乱世他便退隐山林；伊尹这个人则是什么样的君主他都可以服事，什么样的民众他都可以支配；治世可为官，乱世也可为官；而孔子则是，应该出而为官便为官，应该退出就退出；可以久居处就久居，可以速去的就马上离开。但他们都是我所不及的先师古圣，我还做不到他们那样。如果说我心中所向往的，还是去学习孔子吧！"

公孙丑又问道："伯夷、伊尹和孔子，这三个人可以等同而论吗？"孟子说："不。自从有人于世以来，还没有谁能和孔子相比的呢！"公孙丑又问："那么他们之间有什么相同之处吗？"孟子说："有。他们都有可以百里之地而令诸侯朝拜、称王天下的仁德。他们都不会用不道义和滥杀无辜的办法去征服天下。这就是他们的相同之处。"

公孙丑又问道："敢问老师，他们不同的是什么呢？"孟子说："宰我、子贡、有若这三个孔门弟子的智慧，足以了解他们老师的圣道；即使再低下，也不至于去阿谀。我们听听这几个人怎么评价他们的老师：

"宰我说：'以我的眼光看孔夫子，在贤德方面比尧舜还要超过很远。'

　　"子贡说：'只要看看一个人所遵行的礼度，便可以知道他的政业；听听他所制作的乐曲，便可以了解他的德行。从百世以后，历数百代君王尽管有高下之别，但没有能违背这个道理的。而能够像孔夫子这样优秀的，自有人民以来还没有出现过。'

　　"有若说：'孔夫子的地位岂止是在一般人与人之间相类比所能说明白的呢？而是如同麒麟与走兽、凤凰与群鸟、泰山与小土包、河海与小水流相比一样；圣人与平民相比也是一样。但能够超出于这一类的，在这一类群中能高拔于其上的，自有民众以来，还没有比孔夫子更强盛的。'"

【注解】

　　朱子引程子注称："孟子此章，扩前圣所未发，学者所宜潜心而玩索也。"本章主要讲孟子对于名利之不动心的修为根基所在有四：其一，坚守义理自不为所动；其二，善于自养浩然正气于心，自无所动所惧；其三，知人之言之是非，明辨道义所在，自无可动摇其心志，改其操守者；其四，如孔子一样，超乎群类之上，一切顺其自然而进退行止，循道而为。程子注称："心通乎道，然后能辨是非，如持权衡以较轻重，孟子所谓知言是也。"朱子注称："非心通于道，而无疑于天下之理，其孰能之？"

　　本章还通过对话的方式，论述了众多古圣贤的异同。尤其对孔子大加赞美、升华、拔高、神化。对孔子给予了超乎那个时代无以复加的美誉。这大概是对孔子神化最早的一篇古典文献。后世之人之所以并称"孔孟之道"，概由于孔、孟二圣之道一脉相承，也由于孔子之道得以流传，孟子的继承传播当居首功；而孟子之道得以流传于后世，则当推功于有宋程朱理学，尤当推功于朱子的毕生推广绍续。而所谓"流传"、"传人"，无非是说凡得流行于后世者，都离不开继承者的传播。

[四十不动心] 朱子注："四十强仕，君子道明德立之时。孔子四十而不惑，亦不动心之谓。" [孟贲] 古代勇士名，朱子注称：是公孙丑"借之以赞孟子不动心之难。孟子言告子未为知道，乃能先我不动心，则此亦未足为难也。" [不胜挠] 不会因为肌肤受刺而屈挠。 [目逃] 朱子注"目被刺而转睛逃避。" [不受] 不肯让人侮辱讥笑自己。 [褐宽博] 褐：粗布短衣；宽博：宽大不合体之衣。二者都是指穿戴不整齐的贫贱之人。 [视刺] 看待刺杀。 [无严] 严：畏惧。 [北宫黝] 齐国恃勇力者，朱子注称其"盖刺客之流，以必胜为主，而不动心者也。" [孟施舍] 名为孟舍，施字为语气词。朱子注称其"盖力战之士，以无惧为主，而不动心者也。" [守约] 持守重要之处，依理而行。"约，要也。"朱子注论北、孟二者之勇句称："言论二子之勇，则未知谁胜；论其所守，则舍比于黝，为得其要也。" [反而不缩] 自己反思如果理不直。 [自反而缩] 如果自己反思自己理直。 [不惴] 不让他害怕，不以强凌弱。 [守气] 自守一身之气概而不论其他。

［告子］名为不害，孟子称其为虽然不是深以得道之人，仍能不动心。［行有不慊于心，则馁矣］行为如果不合于义，内心便会觉得有亏欠不足，便理不直气不壮。慊：朱子注为"快也，足也。"馁：朱子注为"饥乏之气不充体也。""疑惧，而不足以有为矣。"［芒芒然］朱子注："无知之貌。"［知言］能明辨他人话语种种说法中的是非曲直所在。［一体］一个方面，如四肢中的一肢。［具体而微］得其全面，但又不够大得大成。［所安］居于什么位置。

四十七、人品之"善、信、美、大、圣、神"六境界

浩生不害问曰："乐正子，何人也？"

孟子曰："善人也，信人也。""何谓善？何谓信？"

曰："可欲之谓善，有诸己之谓信。充实之谓美，充实而有光辉之谓大。大而化之之谓圣。圣而不可知之之谓神。乐正子二之中，四之下也。"

（原文录自《孟子》七篇卷七，尽心〈下〉浩生章。）

【译文】

浩生不害这个人问孟子："您的学生乐正子，是哪一类的人呢？"孟子答道："是个善人，是个信人啊！"浩生不害又问道："什么是善？什么是信呢？"

孟子说："他的人品让人喜欢可爱，所以称之为善人；他

的美好品格都是发自内心而不是装出来的、虚伪的，所以称之为信人；这种善、信之气充满他的全身那种气质就是美德之人；这种充实的气质又能表现在他的举止言行和事业上，能像日月星光一样照耀生前身后便可以称之为大人了；这种光大美德，又能化入身心言行，一切行于自然自在而无阻碍，就可以称为圣人；这种自在自为自然自由的境界，如果达到常人无以用一般的常情常理去理解的程度，那就可以称之为神人了。乐正子这个人基本上达到了善与信这二境中的中间，而在其他四境的之下呢。"

【注解】

唐驼注本章是"讲学问的程度，有一定的等级。"其实，本章之义何止于学问二字，实在是讲述人生之品的六种境界：其一境为人性之根本的善境；其二境为待人处事之诚至无欺的信境；其三境为善、诚两端所培养成的道德、学养、气质之美境；其四境为人的作为、事业之大境；其五为将外在的行为、事业所成之德智又内化为人格的圣境；其六为将前五境扩充、升华为超越世人、常人的大智慧，可自由行于天、地、人之间的"神"境。这六种人生品格的境界是拾级而上的，实际上是在讲一种从人性善出发，而达到人生最高境界的"天堂之路"。

［浩生不害］浩生为姓，不害为名，齐国人。［乐正子］孟子的学生。张子注："颜渊、乐正子皆知好仁矣。乐正子志

仁无恶而不致于学，所以但为善人信人而已；颜子好学不倦，合仁于智，具体圣人，独未至圣人之止耳。"〔可欲〕让人喜欢，合人心意。〔有诸己〕指善是发自内心的，真的，实的。〔充实〕朱子注此句称："力行其善，至于充满而积实，则美在其中而无待于外矣。"〔光辉之谓大〕朱子注此句称："和顺积中，而英华外发；美在其中，而畅于四肢，发于事业，则德业至盛而不可加矣。"以此而称其大。〔大而化之〕朱子注此句："大而能化，使其大者泯然无复可见之迹，则不思不勉、从容中道，而非人力之所能为矣。张子曰：'大，可为也；化，不可为也，在熟之而已矣。'"〔神〕程子注："圣不可知，谓圣之至妙，人所不能测。非圣人之上，又有一等神人也。"